読んだら毎日が楽しくなる

「つまらない」がなくなる本

行動心理コンサルタント
鶴田豊和
Toyokazu Tsuruta

フォレスト出版

はじめに――学校で教えてくれない「つまらない」解消術

多くの人は、本を手にとっても最初の1ページしか読まないそうです。

せっかくのご縁ですから、そのような人でも、なんらかの気づきが得られるように、この本の最重要ポイント3つを最初にお伝えします。それは、

①「自分は忙しくて退屈とは無縁だ」と思っている人ほど、「つまらない」人生を送っている

②「つまらない」は、大切なことを教えてくれる、ありがたいものである

③「人生がつまらない」ときに、人生の意味を探そうとすると、逆効果である

ということです。この3つを十分に理解している人は、ここから先を読む必要はありません。

おめでとうございます！　あなたは1レベルアップしました（現在レベル2）。

この本では、ページ番号があなたの現在のレベルを表します。


なぜ、大人が読んでも、レベル1からスタートするのでしょうか？

それは、**「つまらない」との付き合い方**について、私たちはこれまで何も教わってこなかったからです。

あなたは、家庭や学校や会社で、「つまらない」との付き合い方を教わってきましたか？

誰も教えてくれなかったですよね。そのため、私を含め、多くの人はまったく見当はずれの退屈解消法を行なって、人生をつまらないものにしてきたのです。


「毎日がつまらない」

「仕事がつまらない」

「結婚生活がつまらない」

「勉強がつまらない」

「自分の話がつまらない」

「自分はつまらない人間だ」


誰もがこんなふうに思ったことがあるでしょう。もちろん、私にもあります。

こうした「つまらない」で悩んでいる人は、あなただけではありません。世界中の多くの人が「つまらない」という悩みを抱えています。

なぜ、そう言い切れるのか?

それは、私たちの身のまわりを見てみると、そのヒントが隠されています。

今、**儲かっているビジネスは、退屈解消ビジネス**が実に多いのです。

スマホ、アプリ、映画やテレビ、ゲーム、雑誌などのエンターテイメント全般を含め、人の欲望をかきたてる、ありとあらゆる刺激、これらは退屈を解消するために存在します。


私たちは、**退屈を解消するために、これまでいったい、どれだけのお金と時間を使ってきたのでしょうか?**

その結果、私たちの「つまらない」はどれくらい解消されたでしょうか？

確かに一時的には解消されたでしょう。ですが、すぐに、「つまらない」と思うようになり、また新たな刺激を求めるようになるのが人間です。

言ってしまえば、「つまらない」とのイタチごっこ。それを私たちは続けているのです。

私たちはこうした不毛なイタチごっこに、終止符を打つことができるのでしょうか。

それに対して、私は「誰でも簡単にできます」と断言します。

私は、**行動心理コンサルタントとして、今までに1万人以上の方々の悩みを解決**してきました。私の下に相談に来られて、学んでいる人たちのほとんどが、気づいたら「つまらない」という悩みがなくなっています。

「つまらない」という感情とどのように付き合い、どのように解消していけばいいのか？

この本では、私の下に相談に来られて、学んでいる人たちにお伝えしている具体的なノウハウを凝縮して、わかりやすくお伝えしていきます。
あなたもこの本を読み終わる頃には、「つまらない」に対するまったく新しい視点を持つことになります。そして、心から楽しい人生を歩み始める準備ができていることでしょう。

第1章「『つまらない』の正体」では、私たちが日常で感じている「つまらない」とはいったい何なのか？　どんな種類や特徴があるのかについて見ていきます。

第2章「なぜ『つまらない』と思ってしまうのか？」では、私たちが「つまらない」と思う原因やメカニズムと、「つまらない」に対する、よくある誤解を説き明かしていきます。

第3章「『つまらない』にうまく対応するために」では、ワークを交えながら、「つまらない」と上手に付き合うために知っておきたいポイントについて解説します。

第4章「『つまらない』がなくなる生き方」では、「つまらない」がなくなる人生を送るために、具体的にどのような心掛けをしていけばいいか、10のポイントをお伝えしていきます。

第5章「『毎日がつまらない』を手放す12の秘訣」では、「毎日がつまらない」を手放すための具体的な方法を提示していきます。

第6章「ケース別『つまらない』Q&A」では、仕事やプライベート、勉強などのケース別に分けて、Q&A形式で、「つまらない」の悩み解消法を解説していきます。

本書を読んで、「つまらない」がなくなる方法を身につければ、あなたはもちろん、あなたの家族や大切な人の人生も楽しいものになります。

この本を読み終えたとき、**「つまらないは、ありがたいものである」**と思っていただけたら、著者としてこれほどうれしいことはありません。

「つまらない」がなくなる本◎目次

はじめに——学校で教えてくれない「つまらない」解消術　1

第1章 「つまらない」の正体

日常生活で「つまらない」と思うときは、どんなとき？　16
「つまらない」から逃れるために、失っているもの　18
「つまらない」の2つの種類　20
間違いだらけの「つまらない」対処法　23
「つまらない」という悩みがなくなったら……　28

第2章 なぜ「つまらない」と思ってしまうのか？

「つまらない」と思う原因　32
「つまらない」が与えてくれる、あなたへのメッセージ　33
「つまらない」に対する勘違い　35

「つまらない」の悪循環メカニズム　37
「つまらない」から、なるべく「逃げない」　40
「活動中毒」から脱出しよう！　41
「活動中毒」に陥りやすい人の傾向と対策　43
世界的エキスパートが断言　「何もしないこと」のメリット　45
多くの人が、「何もしないこと」をやってない!?　46
「つまらない」の悪循環を断ち切る4つの「何もしないこと」　49
なぜボォーッとすると、心が安らぐのか？　52

第3章

「つまらない」にうまく対応するために

2種類の「つまらない」に、どう対応するか？　56
「一時的な退屈」に対応する3つの方法　57
ワーク1　意味を見いだす　62
ワーク2　楽しむ工夫を見つける　63
あの人も、一度は「自分の人生、つまらないな」と思った経験がある　63
「慢性的な退屈」に、「一時的な退屈」対応法は通用する？　64
間違いだらけの「慢性的な退屈」の対応法　66

現代人にとっての「人生の意味」は、存在しない!? 68
「人生の意味」は、見つけようとしてはいけない 70
「意味のない人生」を送っている人の特徴 71
自分に合わせて生きるか、他人に合わせて生きるか 73
「意味のある人生」を送っている人の特徴 75
「慢性的な退屈」が、あなたに大事なことを教えてくれる 76

第4章
「つまらない」がなくなる生き方

「本来の自分を生きる」10の特徴 80
理由なく自分を満たしている――「本来の自分を生きる」特徴① 82
他者に対して無条件の愛と感謝を感じている――「本来の自分を生きる」特徴② 85
自分にとって大切なことを大事にしている――「本来の自分を生きる」特徴③ 86
心身共に健康でエネルギーに満ちている――「本来の自分を生きる」特徴④ 88
自然体でリラックスして、軽やかに生きている――「本来の自分を生きる」特徴⑤ 89
過去や未来にとらわれず、今この瞬間を味わい、楽しんでいる
――「本来の自分を生きる」特徴⑥ 90
好きなもの、愛する人に囲まれて生活している
――「本来の自分を生きる」特徴⑦ 91

才能を十分に活かしている――「本来の自分を生きる」特徴⑧　92
波に乗って、次々とやりたいことを実現している――「本来の自分を生きる」特徴⑨　93
無難よりも、チャレンジを選択する――「本来の自分を生きる」特徴⑩　94
「ハートの声」を聞き取れない原因　96
「何もしないこと」で脳を再起動すると、「ハートの声」が聞こえてくる　97

第5章 「毎日がつまらない」を手放す12の秘訣

「本来の自分を生きる」ための手がかり　102
無我夢中になる――「毎日がつまらない」を手放す秘訣①　103
「無我夢中」になるための2つのポイント　105
ワーク3 「無我夢中」体験を思い出す　107
偽りの「無我夢中」にご用心　108
「忙しさ」に逃げている限り、「毎日のつまらない」はなくならない　110
仕事を「退屈」の逃げ込み先にしていないか？　111
「自分の心にウソをついてない」と心から断言できるか？　113
夢中になっているとき、自分とまわりの見方は違う　114

子ども心を取り戻す――「毎日がつまらない」を手放す秘訣② 116
あなたは、「願望達成の達人」だった 117
あなたは、「やりたいことをすぐやる人」だった 119
あなたは、好きなことに必要以上に執着しなかった 121
あなたは、「物事を楽しむ工夫を見つける天才」だった 122
あなたは、「本来の自分」を生きていた 123
ワーク4 子どもの頃を思い出す 124
頭で考えても、好きなことは見つからない――「毎日がつまらない」を手放す秘訣③ 124
好きなことがわからない人の思考グセ 126
好きなことで稼いでいる人ほど、狙っていない 127
ワーク5 人を好きになったことを思い出す 130
好きに理屈はいらない 130
好きなこと・やりたいことを探そうとしない――「毎日がつまらない」を手放す秘訣④ 132
好きなことに気づくための秘策 133
「ネガティブ感情にふたをする」と起こる副作用 134
「ネガティブ感情」とうまく付き合う――「毎日がつまらない」を手放す秘訣⑤ 136
あの人を嫌いになる理由 137

自分を苦しめるルールを手放す方法　138
ダラダラすることは、いいか？　悪いか？　140
ネガティブ感情は、できるだけじっくりと感じる　141
その場でネガティブ感情を感じるのが難しいときの対処法　144
「好きなこと」を特別視しない――「毎日がつまらない」を手放す秘訣⑥　146
「どうしても好きなことがない」と思っている人へ　147
「才能」を特別視しない――「毎日がつまらない」を手放す秘訣⑦　148
ちょっと得意なことを組み合わせるだけ　150
興味あることは、手当たり次第やってみる――「毎日がつまらない」を手放す秘訣⑧　152
考えすぎる人ほど、動けなくなる　154
生きている実感を味わう――「毎日がつまらない」を手放す秘訣⑨　155
チャレンジが生きている実感を生む　157
退屈の原点　159
「ワクワク」と「ドキドキ」はセット　160
ワーク6　「興味はあるけれど、怖いこと」を洗い出す　161
恐れや失敗を、未来のエネルギーにする　161
本来の自分にそぐわないことには「NO！」と言う
――「毎日がつまらない」を手放す秘訣⑩　163

「最良」をつかむために、「良」を手放す 164
幸せを追い求めない――「毎日がつまらない」を手放す秘訣⑪ 166
幸せを追い求めるほど、本来の自分から離れる 168
「つまらない」から逃げずに、徹底的に向き合う――「毎日がつまらない」を手放す秘訣⑫ 170
すべてを手に入れても、幸せを得られない人 171
ワーク7 「つまらない」に向き合う 176

第6章 ケース別「つまらない」Q&A集

ケース1 仕事がつまらない 180
ケース2 結婚生活がつまらない 188
ケース3 勉強がつまらない 198
ケース4 自分の話がつまらない 202
ケース5 自分がつまらない人間である 208

おわりに 213

装幀・カバーイラスト◎原田恵都子
本文・図版デザイン◎二神さやか
DTP◎株式会社キャップス

第1章

「つまらない」の正体

日常生活で「つまらない」と思うときは、どんなとき？

私たちは、日常生活の中で、どんなときに「つまらない」と思うのでしょうか？

一部の例を挙げてみます。

・やることがないとき
・病気で連日寝込んでいるとき
・義務でやらなきゃいけないことをやっているとき
・レジで自分の順番を待っているとき
・興味のないテレビや映画を観ているとき
・無理やり何かをやらされているとき
・興味のない話題について話を聞いているとき

・ミーティングで自分が発言できないとき
・仕事でヒマなとき

他にもたくさんありますが、こうしたときに、私たちは「つまらない」と思うわけです。あなたも身に覚えがありますよね。

では、「つまらない」と思っているときには、どんなふうに感じるのでしょうか？

一般的には、次のような不快な気持ちが出てきます。

「つらい」
「これ、やりたくない」
「早く時間が経たないかな」
「この場から立ち去りたい」
「このまま自分はどうなっちゃうんだろう」
「時間がもったいないな」

「不安だ」
「やる気が出ない」
「なんか、むなしい」

こうした気持ちが出ているときは、本当につらいですよね。私にもたくさん経験があります。

「つまらない」から逃れるために、失っているもの

こうした「つらい」気持ちを感じるため、つい私たちは「つまらない」、いわゆる「退屈」から逃れようとします。

でも、あなたは、退屈から逃れるために、実はたくさんのものを失っていることを考えたことがあるでしょうか？

たとえば、こんなものです。

・時間をつぶすために「お金」を失います。
・退屈を避けるためにむやみに食べて、「健康」を損ねたり、「気力」を失います。
・衝動買いをしてしまい、「部屋のスペース」を失います。
・自分で「自分を傷つけ」て、精神的に追い詰められます。
・無気力になって、「行動できなくなって」しまいます。
・授業中に居眠りをして、「単位」を失います。
・どうでもいいスマホゲームによって、貴重な「時間」と「お金」を失います。
・「チャンス」を失います。

このように、「つまらない」という悩みによって、多くの人が失う代表的なものが**「お金」「時間」「健康」**です。

これらをたくさん失った結果、行動できなくなって、チャンスを失っているのです。

「つまらない」の2つの種類

「退屈」とひと言で言っても、大きく分けて2種類あります。
「一時的な退屈」と「慢性的な退屈」です。

①一時的な退屈

まず「一時的な退屈」とは、この章の冒頭に挙げた「病気で連日寝込んでいるとき」「義務でやらなきゃいけないことをやっているとき」などがそれに当たります。

この特徴は、**「その場限りであること」**です。
一時的な退屈は、次の3つの場合に発生します。

◎単調さが長く続いている場合
◎同じことが繰り返される場合
◎何が起こるかが予測できる場合

「単調さが長く続いている場合」の典型例に、長いスピーチがあります。

話がおもしろくない人の長いスピーチは、話がとても単調です。子どもの頃、学校で校長先生のスピーチを聞いて眠くなったことがあるのは、私だけではないでしょう。

決して褒められた話ではないのですが、私は大学時代いつも寝ていた講義があります。それは、ある数学の講義でした。

その講義の先生は、学生のほうを見ずに、難しい、わけのわからない数式をただ黒板に書きながら、ブツブツつぶやいていました。これが1時間半続くわけです。この講義では、私に限らず、ほぼ全員が寝ていました。

単調さが長く続くと、人は退屈になります。これは一時的な退屈ですので、その場限りのものです。その単調さが終われば、退屈から解放されます。

「同じことが繰り返される場合」の例としては、掃除が挙げられます。

掃除が好きな人は別として、掃除がつまらないと思う人は、「せっかく掃除しても、どうせまたあとで汚れる」と考えます。

「掃除は、日々同じことの繰り返しだ」と思うと、退屈になります。

これも一時的な退屈なので、掃除のことを考えていないときは、退屈しません。


「何が起こるかが予測できる場合」の典型例は、先の読める展開のドラマです。

人は、次に起こることがわかってしまうと、退屈します。

ネタバレしている推理小説はつまらないですよね。スポーツの試合を録画しておいて、あとで見ようと思っていたら、たまたまインターネットのニュースで結果がわかってしまった。そうすると、録画ビデオを見る気が薄れるものです。

これも一時的な退屈なので、そうしたドラマやビデオを見ていないときは、退屈しないわけです。

このように、一時的な退屈は、「その場限りのもの」です。

②慢性的な退屈

一方、「慢性的な退屈」の特徴は、**「その場限りではなく、続いていること」**です。

「毎日がつまらない」とか、「人生何もかもがつまらない」という状況です。

慢性的な退屈になっているときは、**「むなしい」「ゆううつ」**と感じます。

こうした状態は、その場限りではなく、ずっと続きます。慢性的な退屈がひどくなると、うつ状態につながっていきます。

間違いだらけの「つまらない」対処法

一般的に、私たちは、この「つまらない」状態にどのように対応しているのでしょうか?

そもそも、多くの人は、「一時的な退屈」と「慢性的な退屈」との区別がついていません。

後の章で説明しますが、一時的な退屈と慢性的な退屈とでは、対応法が違います。多くの人は、それを理解していないため、十分な対応ができていません。

多くの人にとって、最も一般的な退屈解消法は「逃避」です。つまり、**退屈から逃げる**わけです。

それが、**「つまらない」から抜け出せない原因**にもなっています。

主な逃げる先は次の８つです。

①瞬間的な快楽・刺激

瞬間的な快楽・刺激とは、たとえば、スマホ、テレビ、パソコン、ゲーム、インターネットサーフィンなどが含まれます。

「つまらない」と思ったとき、もしくは、「つまらない」状態にならないために、こうした瞬間的な快楽や刺激に逃げるわけです。

「何か楽しいこと」を求めて、暇さえあれば、一日中、スマホを触っている人が増えています。

②活動

活動とは、たとえば、仕事、遊び、家事、育児などが含まれます。私たちはこうしたものに逃げることがあります。

「仕事や家事、育児は別に悪いものではないじゃない？　なんでこれが逃避なの？」と思われる人もいるかもしれません。

ですが、これらも逃避になりえます。逃避にならない場合もあります。逃避になるケース、ならないケースがあるわけです。

その違いについては、この本を読み進めていくと、だんだんわかってきますので、ご安心ください。

③人

人とは、たとえば、恋愛相手、有名人、友人、家族などが含まれます。

退屈から逃れるために、恋愛にのめりこむ人がいます。アイドルなどの有名人に夢中になる人もいます。友人や家族に必要以上にかまってもらおうとする人もいます。こうしたものも逃避になりえます。

④お酒やドラッグ、〇〇中毒

退屈から逃れるために、お酒やドラッグにおぼれる人がいます。時々、ニュースで、有名人が、ドラッグをやっていると報道され、私たちは驚かされます。社会的な成功者であり、何かの分野で才能に秀でた人がこうしたものに逃避してしまうのは、主に退屈が原因です。

退屈からの逃避が行き着くところまで行くと、こうしたことになるわけです。「〇〇中毒」の、〇〇にはいろいろ入ります。チョコレート中毒とか、カフェイン中毒など、必要以上に、何かにハマっている状態です。

⑤宗教・スピリチュアル

宗教やスピリチュアルそのものが良いとか、悪いとかを、ここで述べるつもりはありません。ただ、退屈から逃れるために、安易にこうした道に走ってしまうと、逃避になりえます。

⑥危険な行為

危険な行為とは、たとえば、暴力、争い、ギャンブルなどが挙げられます。退屈になるよりは、人とケンカしたほうがましというわけです。

夫婦や恋人間で争いが起こるのは、たいてい、相手にされてない（と感じる）どちらかが、退屈から逃れるために相手にアタックするところから始まります。ギャンブルにハマる人も、退屈から逃げています。

⑦睡眠

退屈さによって、精神が疲れ果てて、そこから逃れるために、ひたすら睡眠をむさぼる人がいます。

⑧死

「人生がつまらない、毎日がつまらない。だったら死んだほうがましだ」という状態です。慢性的な退屈が非常に深刻になると、それがあまりにもつらいために、死へと逃げる人がいるわけです。

ここまで、8つの逃避先をご紹介しました。

多くの人は、退屈を避けるために、こうしたものに逃げるクセがあります。逃避以外の一般的な対応法としては、薬物治療、セラピー、カウンセリングなどが挙げられます。慢性的な退屈が深刻化して、うつ病などが発症しているケースは、こうした方法で対応しています。

ここに示したような逃避が全面的に悪いわけではありません。時には逃げるという選択肢もあります。このあたりについては、後の章で詳しく解説していきます。

「つまらない」という悩みがなくなったら……

「はじめに」でもお伝えしましたが、私の下に相談に来られたり、学んでいる人たちは、いつの間にか「つまらない」という悩みがなくなっています。その結果、どうなっているのかを、ここで少しご紹介します。

・前よりも感情が豊かになった。
・時間をより効率的に使うようになった。
・自分のやりたいことがわかって、行動的になった。
・身体が軽くなったように感じる。
・今までネガティブだと思っていたことをネガティブに感じないようになった。
・結果に執着しなくなって、幸せな気分でいられるようになった。
・自分のエネルギーが高まった。
・まわりに流されないようになった。
・より充実した人生を送れるようになった。
・ホッとした気分でいることが多くなった。

・心が自由で、晴れやかで、穏やかになった。
・ワクワクすることが増えて、アイデアが出てきて、どんどん行動につながってきた。
・自分自身との対話を楽しむようになった。
・感謝の気持ちで過ごせるようになった。

このように、「つまらない」という悩みがなくなると、人生の中に、自由、穏やかさ、ワクワク感、感謝の気持ちが広がっていきます。

すると、エネルギーが高まり、アイデアが次々に出て、行動力も上がっていきます。その結果、好きなこと・やりたいことをどんどん実現していけるようになるのです。

あなたも、「つまらない」という悩みを手放してみませんか。

それには、「つまらない」という感情の発生原因と対応方法を知っておく必要があります。

次の章から詳しく解説していきます。

第2章

なぜ「つまらない」と思ってしまうのか？

「つまらない」と思う原因

私たちが「つまらない」と思う原因は何でしょうか？

それは、ひと言で言うと、

「意味や楽しみがない」

と考えていることです。

「意味や楽しみがない」と考えている状態は、空虚とか、むなしさという言葉で表現されます。

一時的な退屈の原因は、今経験していることに「意味や楽しみがない」と考えていることです。

たとえば、長いスピーチを聞くことに対して「意味や楽しみがない」と思えば、退屈します。掃除をすることに対して「意味や楽しみがない」と思えば、退屈します。先の読める展開のドラマを見ることに対して「意味や楽しみがない」と思えば、退屈します。

このように、今経験していることに対して、「意味や楽しみがない」と考えていると、一時的な退屈の状態になります。

「つまらない」が与えてくれる、あなたへのメッセージ

ポジティブであれ、ネガティブであれ、すべての感情は、私たちにメッセージを与えてくれています。

どんなメッセージを与えてくれるのかは、そのときの状況や感情により異なります。

たとえば、「不安」という感情は、「もっと準備をしなさい」というメッセージを与えてくれることがあります。

同様に、一時的な退屈も、私たちにメッセージを与えてくれます。

それは、**「意味や楽しみがある経験をしなさい」**ということです。

意味や楽しみがある経験をしているときに、私たちは一時的な退屈の状態になりません。

あなたにとって役に立つスピーチなら、どんなに長くても退屈になることはありませんよね。あっという間に時間が過ぎて、もっと聞きたいと思うかもしれません。

それは、あなたにとって、そのスピーチが「意味や楽しみがある経験」になっているからです。

では、慢性的な退屈の原因は、何でしょう?

人生に「意味や楽しみがない」と考えているのです。「毎日がつまらない」「人生何もかもがつまらない」と思っている人は、人生に「意味や楽しみがない」と思っているわけですね。

慢性的な退屈からのメッセージは、「意味や楽しみがある人生を送りなさい」ということです。

退屈は、こうしたメッセージを私たちに教えてくれる、ありがたい存在とも言えます。**退屈に対する見方を変える**だけで、新たなきっかけが生まれるのです。

「つまらない」に対する勘違い

私たちは、「つまらない」という感情に対して、勘違いしていることがあります。

それは、多くの人が、**「つまらない」イコール「悪いものだ」と思っている**ということです。

「つまらない」を悪いものだと思うと、害になります。

一方、「つまらない」を受け入れると益になります。

つまり、「つまらない」にはメリットがある、役に立つということです。

多くの人は「つまらない」に対して、自分はうまく対応できないのではないかと思っています。ですから、「退屈から条件反射的に逃げる」という選択をしてしまうのです。

大切なのは、**「自分の退屈対応能力を信頼する」**ことです。

退屈対応能力は、誰もが持っています。

たとえば、あなたが待ち合わせの時間に早く着いて、空き時間があるとしましょう。

そこで、スマホを取り出して時間をつぶそうとしたら、充電が切れていました。手元には本や暇をつぶせそうなものは何も見つかりません。あなたはイライラしましたが、どうすることもできません。そこで、あなたはあきらめて、ただボォーッと過ごすことにしました。

すると、どうでしょう。

最初はイライラしていましたが、だんだん気分が落ち着いてきました。そして、今まで見えなかったものが見えてきました。

道端に咲いている草花の美しさ。歩いている子どもの笑顔。青い空。温かい日差し。心地よい風。

そうした感覚に身をゆだねていたら、いつの間にか時間が経っていて、待ち合わせの相手が現れました。

そのとき、あなたはなんだか自分が癒されていたことに気づいたのです。

あなたも、このような時間を過ごしたことがありませんか。

多くの人は、自分の「退屈対応能力」を単に信頼していないだけなのです。**「退屈は、悪いものだ」と考えるから、害になる**のです。

ぜひ自分の退屈対応能力を信頼してみてください。

退屈から逃げなければ、退屈対応能力を上げることができます。退屈から逃げていると、いつまで経っても対応能力は上がりません。

「退屈から逃げずに、向き合う」方法については、後ほど詳しくお伝えします。

「つまらない」の悪循環メカニズム

「つまらない」ということを「悪いものだ」と考えると、悪循環に陥りやすくなります。

私はこの現象・メカニズムを「『つまらない』の悪循環」と呼んでいます。

次ページの図をご覧ください。

一般的に、私たちは、「つまらない」と思ったら、どうするのでしょうか？

多くの人は、新たな刺激へ逃避します。

たとえば、「つまらないな、じゃあ、とりあえずスマホでも出そうか」と、スマホを取り出すわけです。

「なんかおもしろそうなアプリないかな？　ニュースないかな？　SNSで誰か投稿してないかな？」

というように、**新たな刺激へ逃避**します。そうすると一時的に満足します。

しかし、しばらくすると、その刺激に飽きます。

同じニュースをずーっと見続けると飽きますよね。そうすると、また「つまらない」と思います。そして、また新たな刺激へ逃避し、**一時的に満足し、その刺激に飽きる**、これを繰り返しているわけです。

この現象を心理学の専門用語では、**「馴化《じゅんか》」**と言います。

「つまらない」の悪循環メカニズム

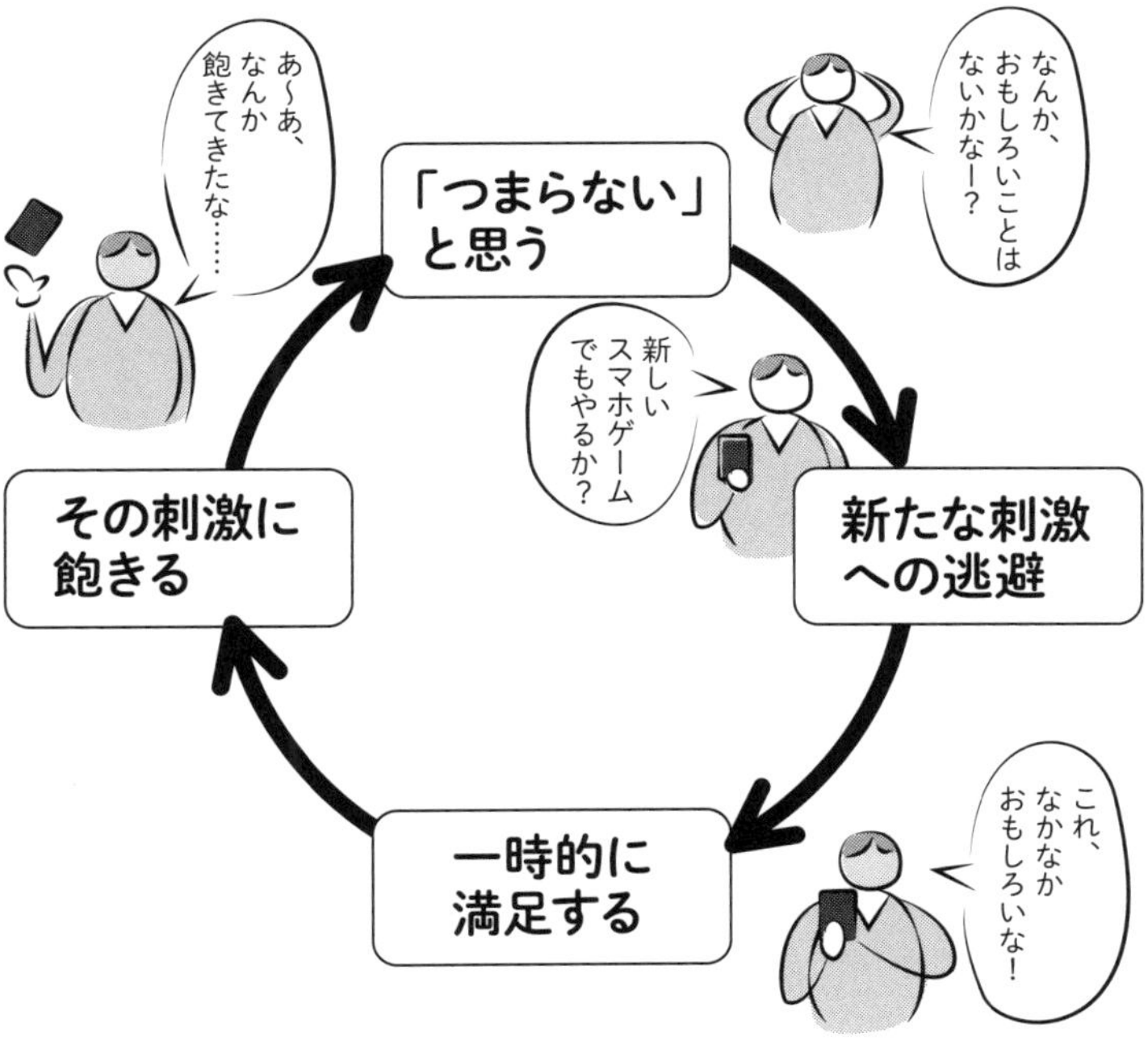

人は、ある刺激が長時間繰り返し与えられると、その刺激に対して鈍感になり、徐々に反応が見られなくなっていく現象です。いわゆる「慣れ」です。誰でも陥りやすい、ごく自然な現象なのです。

この**「つまらない」の悪循環を繰り返していくと、「一時的な退屈」から「慢性的な退屈」のほうに、だんだんシフト**していきます。

退屈から逃げる生活をずっと続けていると、やがて慢性的な退屈になっていくのです。

「つまらない」から、なるべく「逃げない」

この「つまらない」の悪循環を断ち切るには、**「つまらない」と思ったときに、新しい刺激に逃避しないこと。**これが、重要なポイントです。

「つまらない」の悪循環を断ち切るためには、「つまらない」からなるべく逃げないようにしてみてください。

「なるべく」とお伝えしているのは、時には「逃げる」という選択肢もあるからです。

新たな刺激をまったく求めない生活をしようとするのは、現実的ではないでしょう。

「つまらない」からいつでも逃げるべきだと主張するつもりはありません。実際のところは、逃げてもいいし、逃げなくてもいいわけです。

しかし、多くの人は「逃げる」という選択しかしていません。**「逃げない」という選択肢もある**ことを知っていただきたいのです。

「活動中毒」から脱出しよう！

それでは、退屈からの逃避をやめるには、どうしたらいいのでしょうか？

逃避をやめるために一番大切なことは、「何もしないこと」のすばらしさを知ることです。

多くの人は「活動中毒」と言えます。「何もしないこと」に耐えられません。

だから、絶えずスマホやテレビ、ゲーム、音楽など、なんらかの刺激を得ようとします。

そうした人は、たとえば「10分間いっさい何もしないでください」と言われると、耐えられないと考えます。四六時中、特に意味もなく、テレビをつけていたり、スマホを見ていたり、パソコンを使っていたり、何か音楽を流していたりするわけです。

まったく何もしない時間を持っている人は、とても少ないでしょう。

「何か考え事をしているとき」は、何かしているわけですから、「何もしないこと」に入りません。

多くの人は、「何もしないこと」を恐れています。耐えられないと思っているのです。

ですが、「何もしないこと」はすばらしいことなのです。そのすばらしさを知っていれば、「何もしないこと」から必要以上に逃げなくなります。そこに留まることができるわけです。

「活動中毒」に陥りやすい人の傾向と対策

「何もしないこと」のすばらしさを理解すればするほど、「つまらない」の悪循環を、自然と断ち切れるようになってきます。

活動中毒になってしまう人は、次のようなことを考えたり、思ったりしています。

「何もしないことは悪いことである」
「何もしない自分には価値がない」
「何もしないという状況になるなんて耐えられない」

このように思うから、人は活動中毒になってしまいます。常に何かをしないと気が済まないという状態になってしまうのです。

もしあなたがそのような思考に陥りがちのタイプならば、**とてもマジメで、何事にも一生懸命に取り組むタイプ**なのだと言えます。

それは、決して否定されるものではなく、むしろとてもすばらしいことです。だって、何事にもマジメで、一生懸命に取り組んでいるのですから。他の人にはない、あなたの誇らしい一面だと思います。

ただ、それがずっと続いてしまうと、とても苦しく、つらくなってしまうのですよね。

でも、大丈夫、安心してください。

「何もしないこと」のメリットを知れば、あなたの「活動中毒」は緩和され、活動中毒から脱出することができますから。

世界的エキスパートが断言「何もしないこと」のメリット

心の平安は、「何もしないとき」に得られます。

世界的ベストセラーで、日本でもベストセラーになった『『脳にいいこと』だけをやりなさい!』(茂木健一郎・訳)の著者で、幸せに関する世界的なエキスパートであるマーシー・シャイモフは、「何もしないとき」に得られる心の平安の状態を、**「理由なき幸せ(Happy for No Reason)」**と呼んでいます。

「理由なき幸せ」、つまり、**理由なく自分が満たされていれば、必要以上に刺激を求めなくなります。**

なぜなら、自分を満たそうとして刺激を得る必要がなくなるからです。

「幸せでいるのに、理由なんかいらないよ」というのが理由なき幸せです。

何もしないときに、理由なき幸せは得られるのです。

もし理由なき幸せがなかったら、自分が幸せを得るために刺激に逃げ込んでしまいます。なんらかの刺激を得ようとするわけです。

ですが、理由なく自分が満たされていれば、自分を満たすために、必要以上に刺激に逃げる必要がなくなるのです。

ですから、「つまらない」の悪循環を断ち切るためには、「何もしないこと」のすばらしさを知ることが大切です。

多くの人が、「何もしないこと」をやってない!?

多くの人が「何もしないこと」に対して誤解をしています。ここで、その誤解を解かせてください。

あなたが考える「何もしないこと」とは、どんな状態でしょうか？ ちょっとイメージしてみてください。

以下のケースは、「何もしないこと」に入りません。 あなたが考える「何もしないこと」で思い浮かぶことと照らし合わせてみてください。

・考え事をしているとき
・スマホをいじっているとき
・寝ているとき
・テレビを見ているとき
・ゲームをしているとき
・音楽を聴いているとき
・何かを食べているとき

これらのときは、何かをしているわけです。ですから、「何もしていない」とは言えません。

しかし、どうでしょう?

私たちは日常会話の中で、「今日は1日、何もしなかったよ」と言っている日は、だいたいこれらのことをやっていませんか?

多くの人は、「今日は何もしなかった」と言いながら、こうしたことをやっています。本当に「何もしなかった」わけではないにもかかわらず、「何もしなかった」と思い込んでいます。

本当に「何もしなかった」わけではないので、理由なき幸せ（心の平安）は得られにくくなります。ですから、「つまらない」の悪循環を断ち切れないのです。ただ、こうした「何かをしている」こと自体を、否定するつもりはありません。ただ、こうしたことをやっている限り、「つまらない」の悪循環を断ち切れないとお伝えしたいのです。

ちょっと想像してみてください。

先に挙げた「何かをしている」生活が仮に1週間、1カ月、半年、1年経ったら、慢性的な退屈の状態になると思いませんか。

スマホ1つとっても、アプリはいろいろありますし、次から次へと新しい刺激に逃げ込んでいけば、一時的な退屈は解消できるかもしれません。

しかし、それらだけだとむなしさのみが残り、苦しくなってきます。これが、「つまらない」の悪循環にハマっている状態なのです。

「つまらない」の悪循環を断ち切る4つの「何もしないこと」

では、「何もしないこと」とは、どんなことでしょうか？
「何もしないこと」に入る例を挙げてみます。大きく分けて4つあります。

①何も考えずに、ただボォーッとする
②温かいお風呂に入ったあと、ボォーッとする
③公園や自然の中で立ち止まり、花や草木をながめ、自然を感じる。
④瞑想

「何もしないこと」に入る例としてまず挙げられるのは、**「①何も考えずに、ただボォーッとする」**です。これは、誰もが一度は経験しているのではないでしょうか？

布団から起き上がって、しばらくボォーッとする。公園のベンチに座って、ただボォーッとしている。

これは、まさに「何もしていない」状態です。

「よし、これについて考えてみよう」というように、主体的に何かを考えている状態は、何かをしている状態です。一方、何も考えずにただボォーッとしていて、時々何か考えが浮かんでくることはありうるという状態は、「何もしていない」と言えます。

「②温かいお風呂に入ったあと、ボォーッとする」「③公園や自然の中で立ち止まり、花や草木をながめ、自然を感じる」も、「何もしていない」状態です。

なお、③の場合、じっと集中して見るという感じではなくて、なんかボォーッと見ているようなイメージです。

ここで1点、お伝えしておきたいことがあります。

それは、**あまり厳密になりすぎない**ということです。

たとえば、何も考えずにただボォーッとしているときも、呼吸はしています。「呼吸まで含めたら、何かしてるじゃないの」というのは考えすぎです。呼吸とか心臓を動かすとか、目が開いているとか、そうしたものは脇に置いて考えてください。

基本的なことは脇に置いた上で、「それ以上に何かをしているわけではない」という状態が、「何もしないこと」と定義しています。

そして4つ目が、**「④瞑想」**です。

瞑想にもいろいろな種類がありますが、一般的には、瞑想中は頭が空っぽの状態になります。雑念が湧いたりすることはありますが、思考が浮かんできにくい状態になります。ですから、瞑想は「何もしていない状態」と言えます。

瞑想に近いもので、「マインドフルネス」といった方法が広がり、グーグルなどの大企業でも採用されたり、NHKや雑誌などのメディアでも取り上げられているので、近年その効果に注目している人が増えてきています。

とは言っても、いまだに多くの人にとって、瞑想はハードルが高いようです。

そこで、ご紹介したいのが**「エッセンスゼロ」**という手法です。

8分間の誘導音声を聴くだけで、手軽に瞑想と同等の効果が得られ、理由なき幸せを感じられます。

私が代表理事を務める「一般社団法人本質力開発協会」のホームページから、誘導音声と使用ガイドを無料ダウンロードしていただけます（一般社団法人本質力開発協会HP http://www.epowerda.com/）。

なぜボォーッとすると、心が安らぐのか？

勘のいい人はすでにお気づきかと思いますが、4つのいずれにも共通するのは、**自分の「脳」を休ませる**というものです。

すでにご存じの方も多いと思いますが、脳科学、心理学の世界では、脳と心は深くつながっており、**脳を休ませると、心も安らぐ**と言われています。人間としてごく自然な現象なのです。

実際に、ここで挙げた4つの例のいずれかをやってみると、理由なく幸せを感じ、穏やかな気持ち、心の平安を感じられるはずです。

「何もしない」時間が増えていけば、「何もしないこと」のすばらしさを知って、「つまらない」の悪循環を自然と断ち切ることができるようになります。

ぜひ試してみてください。

第3章

「つまらない」にうまく対応するために

2種類の「つまらない」に、どう対応するか？

これまでの章で見てきたように、私たちは、「つまらない」と思ったら、そこから逃げるという選択を瞬間的に取りがちです。

なぜなら、「何もしないこと」は悪いことであり、害だと思うからです。

しかし、実は「何もしないこと」はすばらしいことであり、そのときに、自分は理由なく幸せを感じるということを知っていると、「つまらない」状態から「逃げない」ことができるようになります。

「つまらない」状態から逃げなくなるからこそ、具体的な対応ができるようになります。

この章では、「一時的な退屈」「慢性的な退屈」という2種類の退屈に、具体的にどのように対応していけばいいのかをお伝えしていきます。

「一時的な退屈」に対応する3つの方法

一般的に、何かに対応するには、原因を見つけて、その原因に働きかけるのが得策です。

一時的な退屈の原因は、前章でお伝えしたとおり、**「今経験していることに『意味や楽しみがない』と考えている」**からです。

長いスピーチ、掃除、先の読める展開のドラマなどの一時的な退屈にどのように対応したらいいのでしょうか？

それには主に次の3つの対応法が挙げられます。

①今経験していることをやめる

「今経験していることをやめる」というのは、1つの手です。

今経験していることに「意味や楽しみがない」と考えているわけですから、今経験していることをやめたらいいのです。やめたら、一時的な退屈を手放すことができます。

たとえば、「掃除がつまらない」のなら、「掃除を外注する」という選択肢もあります。私も事務所の掃除を外注してから、ずいぶん楽になりました。

もちろん、簡単にやめられないこともあるでしょう。その場合は、次の２つの対応法を検討してみてください。

②今経験していることに意味を見いだす

たとえば、「料理はつまらない」と思っていた人が、病気になったことがきっかけで健康の大切さに気づき、安全な食品を使用した料理をつくることで、自分の健康を守っていくことに意味を見いだすことがあります。そうした結果、料理をすることが苦ではなくなるわけです。

仕事も同様です。

つまらない仕事だと思っていたけど、上司から「今やっているこの仕事は会社全体の目標にこのようにつながっている。それがひいては世の中にこういう価値を与えることにつながっているんだよ」という話を聞いて、急にやる気が出る人がいます。

「今ここでの下積みの経験が3年後、5年後にこういう意味を持って、こういうチャンスにつながってくるんだよ」という話を聞いて、自分の仕事に意味を見いだして、「仕事がつまらない」と思わなくなる人がいます。

「そんなことを言ってくれる人が身のまわりにいない」と言う人は、本やテレビ、映画、ドキュメンタリー番組などに、積極的に触れてみるというのもいいでしょう。

また、「会社の会議はつまらない」と思っていても、プレゼンが上手な人の「話し方」に注目してみたり、自分にはなかった他の人の考え方を取り入れようとすると、会議がおもしろいと思うようになるケースもあります。つまり、**今経験していることを本来の目的からちょっとズラして、新たな意味を見いだす**わけです。

③今経験していることを楽しむ工夫をする

「今経験していることを楽しむ工夫」といっても、すぐに思いつかないかもしれません。そんなときは、気楽に考えてみてください。

たとえば、「掃除がつまらない」のならば、自分の大好きなキャラクターの掃除用具を使ってみる。それだけでも、立派な工夫です。きっと、一時的な退屈が去っていくはずです。

「つまらない仕事」に対しては、ゲーム感覚で取り組んでみるのもいいでしょう。

たとえば、派遣社員として、データ入力という単純作業の仕事を任されたとします。自分の1日当たりのデータ入力件数をスコア（得点）として日々記録し、スコアアップを狙うゲームだと想像します。

スコアアップを実現するために、必要なのは何でしょうか？

もちろん、入力をたくさんするという経験による慣れは有利でしょう。それ以外に、ブラインドタッチを数字入力も含めて、マスターすることも効果的です。データを入力する順番を工夫することによって、入力時間を短縮できるかもしれません。

疲労蓄積による入力スピードの低下を防ぐために、心と身体のメンテナンスや、効果的な休息の取り方も大切です。

エクセルの「マクロ機能」を使うという手も考えられます。

こうした工夫をしながら、その会社でデータ入力スピードのナンバーワンを目指します。そうして得た経験を元に、会社に対して業務効率化の提案も行なっていきます。

以前、私は人材採用の仕事をしていた経験があるのでわかりますが、こうした意欲の高い派遣社員を、正社員として採用したいと思う企業は存在します。

ゲーム感覚で取り組むことで、自然と主体的に仕事に取り組めるようになり、生産性が上がります。すると、チャンスがやってきます。そして、もっとおもしろい仕事を任されるようになります。

こうした方法は、数字で管理するのが得意な人や、目標を達成することにやりがいを感じる人には向いています。ただ、そうでない人には、苦しい状況になるかもしれません。

このように、ある特定の工夫は、Aさんにとっては有効でも、Bさんにとっては、かえって苦痛になってしまうことがあります。

ですから、工夫をするにも、**「自分にとって有効かどうか」を基準に考える**のがポイントです。

〈ワーク1〉意味を見いだす

日常の生活の中で「つまらない」と思うときのことを思い出してください。

「その体験に意味があるとしたら、どんな意味が考えられるのか」をできる限り書き出してみてください。終わったら、ワークをやって気づいたことも書いてみましょう。

〈ワーク2〉楽しむ工夫を見つける

日常の生活で「つまらない」と思うときのことを思い出してください。**「その体験をどうやったら楽しめるか」**をできる限り多く書き出してみてください。終わったら、ワークをやって気づいたことも書いてみましょう。

あの人も、一度は「自分の人生、つまらないな」と思った経験がある

これまでの人生で**慢性的な退屈になったことが一度もないという人は少ない**でしょう。あなただけではありません。

私を含め、ほとんどの人が人生のどこかのタイミングで、「なんか毎日つまん

ないな」「自分の人生つまんないな」と思ったことがあるものです。

私の講演会で、「これまでの人生で『毎日つまらない』と思ったことがある人は、手を挙げてください」と問いかけると、会場のほぼ全員が手を挙げます。

慢性的な退屈の原因は、前章でお伝えしたとおり、「人生に『意味や楽しみがない』と考えていること」です。

「毎日がつまらない」「人生、何もかもがつまらない」という状況なのです。

こうした状況に、どのように対応したらいいのでしょうか?

「慢性的な退屈」に、「一時的な退屈」対応法は通用する?

先ほどお伝えした「一時的な退屈」の対応法は、「慢性的な退屈」にも通用するのか、ちょっと見てみましょう。

一時的な退屈の対応法①「今経験していることをやめる」
←
慢性的な退屈の対応法①「人生をやめる」

一時的な退屈の対応法②「今経験していることに意味を見いだす」
←
慢性的な退屈の対応法②「人生に意味を見いだす」

一時的な退屈の対応法③「今経験していることを楽しむ工夫をする」
←
慢性的な退屈の対応法③「人生を楽しむ工夫をする」

一時的な退屈と同じようなやり方で、慢性的な退屈に対応しようとしたら、このようになるわけですが、これではうまくいかないことがわかりますよね。

間違いだらけの「慢性的な退屈」の対応法

さらに、深く解説していきます。

「①人生をやめる」は、選択肢の1つではあると思いますが、決しておすすめできるものではありません。

次の**「②人生に意味を見いだす」**をやろうとすると、慢性的な退屈がさらに強まるので注意が必要です。

人生の意味とは、見つけようとして見つかるものではありません。いつまで経っても答えが出ずに、苦しい状態が続きます。

私は、これまで多くのうつ病の人の相談を受け、お話ししてきました。

そんなうつ病の人の代表的な口グセの1つに、「私の人生に何の意味があるのか」というものがあります。

その質問の回答はいくら考えても出てこないので、ずっと頭の中でサーチし続けます。

私たちの脳には、自分自身に何かを質問したら、ずっとサーチし続ける性質があります。回答がないものを質問すると、いつまでもサーチし続けて、脳がどんどん疲れていきます。

脳が疲れると、何もする気がなくなります。エネルギーも落ちます。いつまで考えても回答が出てこないため、「私の人生に意味なんかない」という結論になって、落ち込みます。

ですから、この「②人生に意味を見いだす」という対応法は、まったくおすすめできません。

人生に意味を見いだそうとすると、深みにハマります。多くの人が陥りやすいワナです。対応しようと思って一生懸命やっているはずなのに、逆に慢性的な退屈がさらに強まってしまいます。

「③人生を楽しむ工夫をする」も、決しておすすめできません。

今目の前のことだったら、楽しむ工夫はいくらでも出てきますが、人生となると、そんなに簡単に出てくるものではないからです。

現代人にとっての「人生の意味」は、存在しない!?

では、「慢性的な退屈」には、どのように対応したらいいのでしょうか?

繰り返しになりますが、慢性的な退屈の原因は、**「人生に『意味や楽しみがない』と考えていること」**です。

「人生の楽しみ」はわかるとしても、そもそも「人生の意味」とはどういうものなのか、よくわからない人が多いでしょう。

ずばり、結論からお伝えします。

私たちが生きる現代社会には、**普遍的な「人生の意味」は存在しない**と言っても過言ではありません。

私たちは、子どもの頃から大人になるまでの過程で、「あなたの人生の意味はこうですよ」とか、「あなたの人生の目的はこれですよ」と教えられて生きてきましたか？

もちろん例外はあるでしょうが、ほとんどの人は、自分の人生の意味について、誰かから教わってきていません。

昔は違いました。昔は、神の教えや、所属する部族や地域社会の教えがあり、「人生の意味はこうだ」「人の生き方はこういうものだ」といったことを言われて育ってきた人たちがいました。そうした文明、文化が存在していました。

一方、現代は普遍的な、誰にでも当てはまるような人生の意味は、存在しません。もしあるとしたら「宗教」です。

しかし、宗教も昔に比べると、だいぶ影響力が弱まっています。ここでは、宗教そのものの是非は脇に置いておきたいと思いますが、なんらかの宗教を信じている人でも、自分の人生の意味を明確に答えられない人が増えています。

現代は、誰にでも当てはまるような、普遍的な「人生の意味」は存在しにくくなっているのです。

「人生の意味」は、見つけようとしてはいけない

では、現代人の私たちには、人生の意味がまったく存在しないのでしょうか？

いえ、誰にでも当てはまるような普遍的な人生の意味は存在しなくても、**各個人の人生の意味は存在**しています。

今は、**「私たち一人ひとりが、自分の人生の意味を持つ時代」**と言えます。

人によって、自分の人生の意味が違うわけです。Aさんの人生の意味とBさんの人生の意味は違います。Cさんの人生の意味も違います。

ですから、あなたの人生の意味は存在します。一人ひとり自分の人生の意味は存在します。

ただ、人生の意味を見つけようとすると、慢性的な退屈になりやすくなります。

これを見つけようとするから、苦しくて疲弊していくのです。

人生の意味は、見つけようとするものではなく、気づくものなのです。

後の章でお伝えしている「つまらない」がなくなる生き方を実践すれば、そのうち自然と人生の意味に気づけるようになります。

慢性的な退屈に対応するために、**私たちが一番やってはいけないのは、人生の意味を見つけようとすること**なのです。

「意味のない人生」を送っている人の特徴

わざわざ「人生の意味を見つけよう」としなくてもいいのですが、世の中には「意味のある人生」を送っている人と「意味のない人生」を送っている人がいます。

それぞれの特徴について解説していきます。

まず、「意味のない人生」とは、どんなものなのでしょうか?

◎意味のない人生……本来の自分とはかけ離れた人生。自分以外の何者かになろうとしている。会社や家族・社会が期待している人物の役割を果たそうとする人生。自分自身が心から満たされることはなく、苦しい。

大事なことなので繰り返しますが、**私たち一人ひとりが、生まれた時点で、自分の人生の意味を持っています。**

ですが、意味のない人生を送っている人は、自分がすでに人生の意味を持っていることを理解することもなく、ただ単にまわりに合わせようとして生きています。言い換えれば、**自分以外の何者かになろうとしている**のです。

「このようにしたら成功者として見なされますよ」「人はこうあるべきだ」「人はある程度の年齢になったら結婚するべきだ」「子どもを持つべきだ」「家を購入するべきだ」などといった、世間、親、メディアからの情報を受け入れて、自分の心にウソをついて生きています。

自分に合わせて生きるか、他人に合わせて生きるか

20世紀後半は、次のような生き方に異を唱える人はほとんどいませんでした。いっぱい勉強して、なるべく、いい高校、大学に入る。いい会社に入って、その会社で一生懸命頑張って働けば、収入も右肩上がりになる。家を建て、結婚をし、子どもを持ち、そして定年になったら年金で楽に暮らしていける。これを人生の成功モデルとして、多くの人が受け入れていました。そのため、人生の意味で悩む人は、今よりも少なかったわけです。

ですが、今はそうした成功モデルは崩れています。そうした昔の成功モデルを相変わらず信じている人もいれば、信じていない人もいます。

人々の価値観が多様化して、どういう生き方が正しくて、正しくないということが、言えなくなっています。**生き方に正解のない時代**と言えます。

そんな中、自分はどう生きようかと考えても、誰も生き方を教えてくれませんから、それが見いだせない。自分の生き方がわからない。自分の人生の意味がわからない。

わからないから、とりあえずまわりに合わせようとする。世間に合わせようとする。他人と違う道を選択しないようにする。

それはもう、**別の何者かになろうとする人生を歩んでいるのであって、自分の人生を歩んでいるとは言えません。**

ここまで少し過激にお伝えしていますので、もしかするとショックを受けている人もいるかもしれません。

勘違いしていただきたくないのですが、こうした生活を送っている人の人生に価値がないと言っているわけではありません。

どんな人の人生にも価値があります。ただ、自分の人生に意味を感じられていない、つまり、自分の人生の意味を持っていないという点で、意味のない人生という表現を使っています。

「意味のある人生」を送っている人の特徴

では、「意味のある人生を送っている」とはどういうことなのでしょうか?

◎**意味のある人生**……本来の自分を生きている人生。自分の心に正直である。自分の才能を活かし、心から大切な人・モノ・コト（仕事や趣味など）を大切にしている。自分自身が心から満たされている。

意味のある人生とは、人生に意味を持っているということですね。

意味のある人生を送っている人は、本来の自分を生きています。自分以外の何者かになろうとしていません。自分らしく生きています。「自分の生き方はこうだ」というものを持っています。自分の心に正直です。自分が満たされている。
これらが意味のある人生の特徴です。

意味のある人生のほうが、意味のない人生よりもすばらしいと主張するつもりはありません。どっちがいいとか悪いとかではありません。

自分がどちらの人生を歩みたいかという選択の問題です。

「慢性的な退屈」が、あなたに大事なことを教えてくれる

「意味のある人生」と「意味のない人生」の違いを、慢性的な退屈が教えてくれます。

私たちにその違いを教えてくれるわけですから、「つまらない」というのは最高にすばらしいものと言えます。

「毎日がつまらない」「人生がつまらない」と思ったら、自分は意味のない人生を送っているということを教えてくれているわけです。

意味のある人生を送っている人は、慢性的な退屈になることはありません。一時的に退屈になることはあっても、「毎日がつまらない」とか「人生がつまらない」と思うようなことはありません。私たちのハートが、本来の自分を生きているのか、生きていないのかを教えてくれます。本来の自分を生きていれば、慢性的な退屈とは無縁の世界です。

私たちが本来の自分を生きていないとき、それは不自然なことですから、「むなしい」「ゆううつ」「苦しい」といった形で、慢性的な退屈が教えてくれます。**「あなたは今、自分の心にウソをついているよ」「誰か他人のように生きているよ」**と教えてくれているわけです。とてもありがたいことですよね。

退屈から逃げ続けている人は、このありがたさがわからなくなっています。「つまらない」という状態からずっと逃げている人は、意味のない、意味を持っていない人生を生きています。

いろいろお伝えしてきましたが、一番大切なのは、**「本来の自分を生きる」**ということです。

本来の自分を生きているときに、目の前の体験によっては一時的な退屈になることはあっても、慢性的な退屈になることはありません。

第4章

「つまらない」がなくなる生き方

「本来の自分を生きる」10の特徴

前の章で、「慢性的な退屈」が生じないための最重要ポイントは、「本来の自分を生きる」ことだとお伝えしました。

私が代表理事をしている一般社団法人本質力開発協会で提唱している生き方として、**「エッセンシャル・ライフスタイル」**というものがあります。

これを直訳すると、「エッセンシャル」は「本質的な」、「ライフスタイル」は「生き方」ですから、「本質的な生き方」となります。より砕いて言うと、「本来の自分を生きる『生き方』」という意味です。

いわゆる慢性的な「つまらない」が生じない、理想の生き方です。

では、「本来の自分を生きる」とは、いったい具体的にどんな生き方なのでしょうか？

「本来の自分を生きる『生き方』」には、10の特徴があります。

①理由なく自分を満たしている
②他者に対して無条件の愛と感謝を感じている
③自分にとって大切なことを大事にしている
④心身共に健康でエネルギーに満ちている
⑤自然体でリラックスして、軽やかに生きている
⑥過去や未来にとらわれず、今この瞬間を味わい、楽しんでいる
⑦好きなもの、愛する人に囲まれて生活している
⑧才能を十分に活かしている
⑨波に乗って、次々とやりたいことを実現している
⑩無難よりも、チャレンジを選択する

では、10の特徴それぞれについて、詳しく見ていきましょう。

理由なく自分を満たしている

――「本来の自分を生きる」特徴①

これは、すでにお伝えしましたね。

「何もしないとき」に、人は理由なき幸せを感じます。そのすばらしさを知り、退屈から逃げずにいると、「つまらない」の悪循環を断ち切ることができます。

最初から理由なく自分が満たされていると、自分を満たすために何かをする必要はありません。

「当たり前のことが、実は当たり前なことではない」と気づくだけで、人は理由なく満たされます。

私たちは、目の前に起こっていることや、すでに持っていることを当たり前と思いがちです。

住む場所があるのは当たり前。トイレがあるのも当たり前。毎日ごはんが食べられるのも当たり前。会社で働けるのも当たり前。自分がこの世に生まれて今ここにいるのも当たり前。目の前にいる人が、今そこにいるのも当たり前。

全部が当たり前になってしまっているのです。

よくよく考えると、今お伝えしたことの中で、当たり前のことなんて、１つもないですよね。すべてが奇跡です。

そのことに気づいたとき、人は理由なく満たされます。何かを手に入れたときの一瞬の満足感よりも深い幸せが得られます。


多くの人は、自分を満たすために、**「もっともっと病」**にかかっています。

もっとお金がほしい、もっと出世したい、もっとすばらしい人間関係がほしい、もっと時間がほしい、もっと素敵な家に住みたい、もっと素敵なパートナーがほしいなどなど、数え上げたらきりがありません。

それらを手に入れても一時的に満足するだけで、すぐにもっとほしくなります。

なぜ、人は「もっともっと病」にかかるのでしょうか？

それには、**２つの理由**があります。

1つは、心理学の用語で**「幸福順応」**と言います。

これは、何かを手に入れて、一時的に幸せを感じても、すぐにそれが当たり前になってしまい、以前感じていた幸せを感じられなくなることを指します。

ですから、多くの人は幸せを感じるために、もっともっと手に入れようとするのです。

2つ目は、社会学の用語で**「相対的剥奪」**と言います。

これは、簡単に言うと、「他者との比較によって、どれだけ自分が幸せを感じるのかが決まる」ということを指します。

ですから、幸せになるために、他の人よりも、もっともっと手に入れようとしてしまうのです。

「もっともっと病」は、満たされていない自分を満たそうとして、自分の外にあるものを求める行為です。

最初から理由なく自分が満たされていれば、「もっともっと病」にかかることはありませんし、必要以上に何かを求めなくなります。

他者に対して無条件の愛と感謝を感じている

――「本来の自分を生きる」特徴②

理由なく自分が満たされているので、自然とまわりの人に愛と感謝を感じます。そして、自然と他者に与えられる人間になります。

世間でよく言われることですが、**「人に与えることは大切ですよ」**という教えがありますよね。

人に与えれば、いずれ自分に返ってくる。だから、とにかく人に与えなさいというものです。

確かに、与えること自体はすばらしいことですし、実際に幸せな成功者は与えるのが好きです。

ただ、その前提として、**自分が満たされていることが不可欠**です。

自分が満たされていない状態で人に与えようとすると、自分を満たすために人に与えようとしてしまうのです。

「感謝を感じてもらいたい」とか、「すごい人であると思われたい」とか、「人に与えている自分ってすごくない？」など、そうした気持ちで与えようとします。

すると、ひずみが生まれるので、押しつけがましくなったり、軽やかさがなくなります。

そして何よりも、自分が苦しくなります。

そもそも自分が満たされておらず、与えるものがないのに、与えようとするのは、とても不自然です。

最初から自分が満たされていれば、自然とあふれ出るように愛がまわりに出ます。感謝がまわりに出ます。自然と人に与えられるようになるのです。

自分にとって大切なことを大事にしている

——「本来の自分を生きる」特徴③

「自分にとって大切なこと」とは、大切な人や大切な仕事、大切な趣味、大切なモノなどを指します。

人によって大切なことは違います。

ここで重要なのは、**世間や他者から言われている大切なことではなく、自分にとって大切なこと**です。

本来の自分を生きている人は、自分にとって本当に大切なことがわかっています。そして、その大切なことを、実際に大切にしているのです。

つまり、大切なことに対して、**自分の時間・お金・エネルギー**を使っています。

自分にとって大切なことに気づけるようになるためにおすすめのツールがあります。

私のメンター（師匠）であるジャネット・アットウッドが開発した世界一の情熱発見ツールと呼ばれる**「パッションテスト」**です。パッションテストを受けると、自分が何に対して情熱を持っているかがわかります。

パッションテストの具体的な効果や方法は、私の訳書である『心に響くことだけをやりなさい！』（フォレスト出版）に書かれていますので、気になる方はチェックしてみてください。

心身共に健康でエネルギーに満ちている

――「本来の自分を生きる」特徴④

心身の健康は、ストレスの大きさに左右されることは、ご承知のとおりでしょう。

本来の自分を生きているときは、**自分の心にウソをつかずに生きているので、ストレスが少ない**状態です。

子どものように、好きなこと、やりたいことを思いっきり行ないます。そして、夜はぐっすりと眠ります。休息と活動のバランスが自然にとれるので、心身共に健康です。

自然体でリラックスして、軽やかに生きている

――「本来の自分を生きる」特徴⑤

「本来の自分」とは、自分が最も自然体でいられるときの状態です。

それは、あなたがリラックスしているときです。

自分が普段リラックスしているときのことを思い出してください。そのとき、あなたは自然体でいるはずです。

本来の自分を生きていると、まわりの人に無理に合わせることはありません。

気持ちが軽くて、立ち居振る舞いや活動も軽やかです。

過去や未来にとらわれず、今この瞬間を味わい、楽しんでいる
――「本来の自分を生きる」特徴⑥

「本来の自分を生きる」人は、過去や未来にとらわれず、今この瞬間を大事にします。

今この瞬間を味わうというのは、たとえば、次のようなものです。

「ラーメンを食べているときは、ラーメンを味わう」「素敵な森林を歩いているときは、森林を味わう」「目の前の花を味わい愛でる」「目の前の景色を楽しむ」「仕事をしているときは、目の前の仕事を楽しむ」。

まさに、**今この瞬間に体験していることを味わう**のです。

逆に、せっかくおいしいラーメンを食べているのに、スマホを見ながらだったり、考え事をしながら食べていたら、そのおいしさを十分に味わうことができません。

好きなもの、愛する人に囲まれて生活している

――「本来の自分を生きる」特徴⑦

本来の自分を生きているとき、私たちは自分の「好き・嫌い」という感覚がはっきりしています。

すると、自然と好きなものを選択するようになります。

たとえば、小物や家電、洋服なども、お買い得かどうかではなく、自分が好きかどうかで選ぶようになります。すると、「安物買いの銭失い」がなくなります。

理由なく自分が満たされているので、自分を満たすために、まわりのご機嫌をうかがう必要がなくなります。素の自分をまわりに表現できます。

ですから、**自分に合う人が自然とまわりに集まってくる**ようになります。

逆に、自分に合わない人は自然と離れていきますが、それでも大丈夫、そのほうがお互いにとっていいのだと思うようになります。

才能を十分に活かしている

――「本来の自分を生きる」特徴⑧

才能については次の章で詳しくお話ししますが、世の中に才能がない人はいません。本来の自分を生きている人は、**自分の才能を自覚し、その才能を自然と発揮しています。**そして、まわりの人たちと分かち合っています。

たとえば、人の話を聞くことが好きで、自然と相手の話を整理してあげられる人がいます。すると、相手から「そう、そう！　私が考えてたのは、それなの！　これでやりたいことが明確になった！　ありがとう！」と感謝の言葉をもらうのです。

本来の自分を生きている人は、このように、まるで呼吸をするように、ごく自然に、自分の才能を発揮し、社会と分かち合っています。

「自然に」というのがポイントです。そこに見返りを意識して、狙って才能を使っていません。無意識のうちに分かち合っています。

波に乗って、次々とやりたいことを実現している

――「本来の自分を生きる」特徴⑨

本来の自分を生きていると、**直感が働き、自分にとってのチャンスを見抜ける**ようになります。

普通の人は、チャンスが巡ってきても、それをチャンスと気づかず行動に移しません。

しかし、本来の自分を生きている人は、やってきたチャンスをつかみ、すぐに行動に移します。

つまり、自分にとっての波（＝チャンス）に気づいて、それに乗ることができるのです。その波に乗ることで、やりたいことを次々と実現していきます。

無難よりも、チャレンジを選択する

――「本来の自分を生きる」特徴⑩

喜びも苦しみも少ない無難な人生と、最高の喜びとチャレンジがある人生のどちらが魅力的でしょうか？

本来の自分を生きている人は、迷わず、喜びとチャレンジのある人生を選びます。

人が死の間際に後悔することとして、よく挙げられるものは、「もっと自分の心に正直になればよかった」「もっとチャレンジすればよかった」です。

何事もない無難な人生は退屈です。

たとえば、主人公が現状維持を第一として、チャレンジをせずに、無難な人生を過ごすような映画があったら、つまらないですよね。なのに、どうして自分の人生は、無難な道を選ぼうとするのでしょうか？

本来の自分を生きていると、理由なく自分の心が満たされているので、安心感があります。チャレンジしてうまくいかなかったとしても大丈夫。きっとなんとかなることを知っています。そして、実際そのとおりなのです。

「せっかくいただいたこの命、めいっぱい使っちゃおう」と思って、人生を最高に楽しむために、**やりたいと思ったことは、困難だと思ってもチャレンジしていく。**

すると、不思議と助けてくれる人が現れたり、幸運に助けられて、最終的にはうまくいくのです。

そうした彩り豊かな人生を送って、人生の最期に「あー、この人生楽しかった。みんな今までありがとう！」と言ってこの世を去っていきます。

これが、本来の自分を生きる人の生活、エッセンシャル・ライフスタイルです。

「ハートの声」を聞き取れない原因

さまざまなビジネス書には、「ハートの声に耳を傾けなさい。そうすれば、あなたは最良の人生を送れますよ」と書かれています。

多くの人は、「ハートの声に耳を傾けることが大切なのはわかった。でも、ハートの声が聞き取れない」という悩みを持っています。

その悩みの大きな原因は、**「思考に頼りすぎている」**からです。

実は私もその一人でした。

私も思考だけに頼って生きていた時期があります。そのときは、本来の自分とはかけ離れた生活をしていました。もちろん、人生はつまらないものでした。

思考だけに頼って生きてきた人にとっては、ハートの声というのがそもそもピンと来ません。それはハートの声が聞こえていない生活を長く続けてきたからです。

本来の自分を生きるためには、「思考の声」だけではなく、「ハートの声」に耳を傾けることが大切です。

「何もしないこと」で脳を再起動すると、「ハートの声」が聞こえてくる

ハートの声が聞こえてこないのはなぜなのでしょうか？

それは、ひと言で言うと、**脳内メモリが不足しているから**です。

メモリとは、ご承知のとおり、コンピューターが処理をするために必要な容量のことです。

たとえば、コンピューターにメモリが１００あったとします。コンピューターを使っていて、30をワープロソフトに使おう。20を表計算ソフトに使おう。もう30をインターネットに使おう。そしてあと20を画像の編集に使おう。そうするともう１００使っているわけです。

この状態でメールを送るために、メールのソフトを起動した途端に処理がすごく遅くなる。画面が止まったりする。これはメモリの容量を超えた処理をやろうとしているからですね。

そんなとき、あなたはどうしますか？

パソコンの動作が重くなって時間がかかる場合に、主な対策として、パソコンの再起動を行なうはずです。すると、パソコンがまたスムーズに動くようになりますよね。これは、使っていたメモリを解放するからです。

パソコンと同じように、私たち人間にも脳内メモリがあって、それが不足しているから余裕がなくなって、自分のハートの声が聞き取れない状態になっています。

パソコンと同じように、**脳も再起動**すればよいのです。

そのための**主な手段は、先にお伝えした「何もしないこと」**です。

「何もしないこと」とは、次のようなものでした。

・何も考えずに、ただ、ボォーッとする
・温かいお風呂に入った後、ボォーッとする
・公園や自然の中で立ち止まり、花や草木をながめ、自然を感じる
・瞑想（エッセンスゼロなど）

とにかく少しの時間でもいいので、**頭を空っぽにしてあげればいい**のです。

脳の再起動を行なうと、心身がリフレッシュされます。そして、頭が空っぽになって、思考のノイズがとれたぶん、ハートの声が自然と聞き取れるようになります。

ハートの声が聞き取れるようになってくると、自然とその声にしたがって、本来の自分に合ったことを選択するようになります。

それが、「本来の自分を生きる」ということなのです。

第5章

「毎日がつまらない」を手放す12の秘訣

「本来の自分を生きる」ための手がかり

ここまで、「毎日がつまらない」という慢性的な退屈を手放すには、「本来の自分を生きる」ことが大切であると繰り返しお伝えしてきました。

この章では、**本来の自分を生きて、慢性的な退屈を手放すための具体的な秘訣**を12個ご紹介します。

これからお伝えする12の秘訣は、「本来の自分を生きる」ための手がかりとなります。

慢性的な退屈を手放すと、「退屈するほど、人生は長くない」と思えるようになってきます。それは、やりたいこと、ワクワクすることが次々と湧き出てくるからです。

では、さっそく1つ目の秘訣から見ていきましょう。

無我夢中になる

――「毎日がつまらない」を手放す秘訣①

多くの人は、**「自分病」**という病気にかかっています。自分（我）に意識が向いている状態です。

一方、健全な状態とは、自分（我）を忘れているときです。

たとえば、私たちは、歯が痛いときには、歯に意識が向きます。しかし、歯が痛くないときには、歯のことなんて全然意識しませんよね。風邪をひいたときには、身体のことを意識するようになりますが、風邪から回復したら、いっさい身体のことを意識しなくなります。

同様に、私たちが自分に意識が向いているときは、不健全であると言えます。

慢性的な退屈とは無縁の**「本来の自分を生きている」人たちは、自分（我）を忘れている状態で生きている時間が長い**のです。

我を忘れて何かに夢中になっているときは、自分のことを忘れています。そのときに最高のパフォーマンスを発揮しています。

これを心理学用語で**「フロー状態」**と言います。

たとえば、私が講演をしている最中は、フロー状態になっています。講演中の私は完全に我を忘れている状態なのです。**自分に意識が向いていません。**

あたかも、自分がその場に溶け込んだような感じで、すべてが自動操縦で進みます。気づいたら、最大限のパフォーマンスを発揮しています。

我を忘れて夢中になっているときには、誰にでもフロー状態は訪れます。

フロー状態のときには、**時間の感覚がおかしくなります。**仕事でも遊びでも、「なんだかあっという間に時間が経ってしまった」というときは、フロー状態に入っています。フロー状態に入っているときには、我を忘れています。

逆に、「1日経つのが長いな、まだ終わらないのか」というときには、わりと自分のことを考えていたりします。我を覚えている状態ですね。我に意識が向いている状態は、とても苦しいものです。

「無我夢中」になるための2つのポイント

フロー状態に入るためのポイントはいろいろありますが、その中でも特に重要なポイントを２つご紹介します。

①自分にとって価値のあることを行なう

自分にとって価値のないことに対しては、フロー状態になりにくくなります。

たとえば、私は、ピアノを弾くことにまったく価値を感じないため、ピアノを弾こうと思わないし、仮に無理やりピアノを弾いても、フロー状態に入りません。

一方、ピアノが大好きで、ピアノを弾くことに価値を感じている人にとっては、ピアノを弾いているときは、フロー状態になりやすいのです。

自分にとって価値あることを行なうと、フロー状態、いわゆる「無我夢中」になれます。

②チャレンジをする

チャレンジとは、自分の実力と難易度のバランスがとれていることです。自分の実力と難易度が同じか、もしくは難易度のほうが若干上ぐらいのときに、私たちは夢中になって打ち込めます。

自分の能力がすごく高くて、難易度がすごく低い場合には、フロー状態になりづらくなります。簡単すぎて、つまらないからです。

自分の能力がすごく低く、難易度がすごく高い場合も、フロー状態になりにくい状況と言えます。

たとえば、サッカーの初心者が、プロサッカーの試合に出たらどうなるかを想像してみてください。すぐにボールをとられるし、誰もパスしてくれず、ひどいことになりそうですね。難易度が高すぎても、夢中にはなれません。

テニスなど1対1の試合や、格闘技でも、実力が拮抗している相手と勝負しているときに一番夢中になれます。

差がありすぎると、夢中になりづらいのです。**自分の実力と難易度のバランスがとれていることが大事**です。そうしたチャレンジが、フロー状態には必要です。

とにかく、本来の自分を生きる上で大切なのは、無我夢中になることです。

そのためにも、できるだけ我を忘れてください。それには、目の前のことに夢中になることが大切です。

〈ワーク3〉「無我夢中」体験を思い出す

これまでの人生で何かに夢中になったときのことを思い出してください。そのときの時間はあっという間だったはずです。そのときの体験（していたこと、感覚、気分）を書けるだけ書き出してください。

書き出したら、ワークをやって気づいたことも書いてみましょう。

無我夢中の体験は、あなたにも必ずあるはずです。

たとえば、子どもの頃、公園で遊んでいたら、あっという間に1日経ってしまったという経験は、あなたにもあるでしょう。そのときは、まさに無我夢中の状態です。

仕事でも、「今日1日あっという間だった」という経験はありませんか？

偽りの「無我夢中」にご用心

ここで1つ、**注意点**があります。

あっという間に時間が経ったとしても、その時間が終わったときに**充実感がない場合**です。どこかむなしさを感じているときは、本書でお伝えしている「無我夢中」状態ではありません。慢性的な退屈から解放されていません。

たとえば、「スマホのゲームをやっていたら、あっという間に時間が経ってしまった」というのと、「大好きな仕事を夢中でやっていたら、あっという間に時間が経ってしまった」とでは、どちらが終わったあとに充実感があるかということです。

充実感がある場合は、本来の自分を生きているので、慢性的な退屈は出てきません。一方、**充実感がない場合、単に時間をつぶしているだけ**です。

もちろん、スマホを見ること自体が悪いことだと言っているわけではありません。充実感がなく、単に時間をつぶすことばかりやっていると、むなしいという気持ちが出てきます。つまり、慢性的な退屈から解放されません。

もう1つ例を挙げてみます。

自分が主体的に仕事にかかわっているときにフロー状態に入れるという人がいます。

たとえば、企画の段階から仕事に関わるときに、終わったあとに充実感がある。一方、ルーチンワークとか雑務など、締め切りがあって、ただ単純にそれをこなさなければならない場合は、時間は速く過ぎても、終わったあとに疲労感しか残らない。

このように、あっという間に時間が過ぎても、終わったあとに充実感がない場合は、どこかむなしさを感じて、慢性的な退屈から解放されません。

終わったあとの感情が、充実感に満たされているのか、むなしさしか残らないのかが、「無我夢中」になっているかどうかの判断基準です。

「忙しさ」に逃げている限り、「毎日のつまらない」はなくならない

本当に大事なことなので、ここで改めてお伝えしたいのですが、私たちは、よく「退屈から逃げる」という選択をします。逃げる先の中には、仕事や恋愛など一般的に大切だと思われるものも入っています。

退屈対応能力がとても低い人は、忙しさに逃げている人です。

忙しくないと耐えられないから、予定を詰めまくる。仕事を入れまくる。「私はこんなに忙しいんだよ」と主張する。

それによって、会社で出世をし、仕事の能力は上がっていくかもしれません。

ですが、忙しさに逃げている限り、むなしさや、モヤモヤした苦しい感じは続きます。

結局、逃げているかどうかは、それが一般的に社会で有意義と思われているかどうかとは関係ないのです。

逃げているかどうかは、本来の自分を生きているかどうかによって決まるのです。

本来の自分の生き方から目を背け、自分の心にウソをついている限り、どれだけ忙しくても、仕事やプライベートの予定が埋まっていても、慢性的な退屈からは逃れられません。

仕事を「退屈」の逃げ込み先にしていないか？

仕事においては、私たちは比較的「フロー状態」になりやすいと言えます。世間では、一般的に仕事をすることはすばらしい、働くことは尊いことであると言われているため、仕事に価値を感じやすいのです。

会社からはチャレンジを与えられて、それに向かって頑張る。あっという間に時間が経つ仕事は多い。そして一時的な高揚感も得られることがある。

しかし、それをずっと続けていると、むなしくて、苦しくなることがあることを知っていただきたいのです。

仕事そのものが悪いと言っているのではありません。それは、本来の自分を生きているかどうかで決まります。

本来の自分の生き方から目を背け、自分の心にウソをついている限り、どれだけ仕事をしても、根本的にむなしさがなくなることはありません。

退屈に直面するのが嫌だから、自分にウソをついて生きている人がいます。退屈に直面することが恐くて、自分の人生に価値がないことを認めたくないから、忙しさに逃げている人はたくさんいます。

その代表的な逃げ込み先が仕事だったりします。仕事にかまけて、家庭を省みない人は世の中にいます。そうした人は本当に大切なものに直面せずに、仕事に逃げている可能性があります。

仕事の忙しさに逃げて、健康を害する人もいます。お金はそれなりに手に入ったけれども、ずっと自分の心にウソをついて、会社や社会が求める人物像に向かって、がむしゃらに進んでいったら、その先に待っていたのは空っぽな人生だった——。

そのことに気づいて絶望する人もいます。そうした人は、また別の刺激に逃げます。たとえば、ドラッグです。社会的な成功者がそのような道にハマっていくのは、これが原因だったりもします。

「自分の心にウソをついてない」と心から断言できるか？

とにかく、**逃げているかどうかの基準**は、本来の自分を生きているか、自分の心に正直かどうかです。

「私は自分の心にウソをついてない」と心から断言できれば、逃げていません。

心から断言できなければ、むなしい、慢性的な退屈の道を歩んでいるということです。

退屈から常に逃げようとしているけれども、いつまでも退屈が追いかけてくる道です。これが多くの人がハマっている人生のトラップなのです。

答えは、自分の中にあります。「私は自分の心にウソをついてない」と断言できるかどうかです。

夢中になっているとき、自分とまわりの見方は違う

自分が夢中になっているときの視点と、まわりの視点はまったく違います。

たとえば、39度もの高熱があるにもかかわらず、夕方まで夢中になって砂遊びをして親を困らせる子どもがいます。そのとき、子どもは我を忘れている状態と

言えます。

普通は、身体の具合が悪いときには、自分に意識が向きます。ですが、無我夢中の人、我を忘れて夢中になっている人は、たとえ具合が悪くても、気になりません。我に返ったときに初めて、自分に意識が向き、具合が悪いことに気づくのです。

夢中で何かをやっている人は、客観的に見たらおかしいことが多いと言えます。39度もの高熱を出していても砂遊びをしているのは、傍から見ればおかしいですよね。ある意味、ちょっと狂っていると言ってもいいかもしれません。

ですが、客観的に見てどうかは、あくまでも他者の視点です。**本来の自分とは無関係の視点なので、それは夢中になっている人にとっては、どうでもいいこと**なのです。

もちろん、積極的に健康を害していいというわけではありません。

大人になっても夢中になって生きている人、本来の自分を生きている人は、そうでない人から見たら、「この人、ちょっとおかしいんじゃないの?」と思われるようなことがあります。

ですが、それでＯＫなのです。どちらのほうが正しい、間違っているということはありません。

本来の自分を生きてない人が多いコミュニティでは、本来の自分を生きている人がクレイジーに思われるかもしれません。

しかし、**本来の自分を生きている人たちが多いコミュニティ**であれば、そうでない人のほうがおかしいと思われることもあるわけですから。

どちらが正しいかではなくて、自分が何を選択するのか、どっちをやりたいのかが重要です。

子ども心を取り戻す
――「毎日がつまらない」を手放す秘訣②

幼い子どもは、本来の自分を生きています。

そうは言っても、人それぞれ育てられた環境は違いますから、「自分は子どもの頃を思い出すと、つらくてしょうがないんだよ」と言う人もいるかもしれません。「親をがっかりさせないように、まわりから嫌われないように、いつもいい子ちゃんでいたから、過去を振り返るのはつらい」と言う人もいるかもしれません。

ですが、それはあくまでも物心ついてからそうであったというだけで、その前は、すべての人が本来の自分を生きていたはずです。

本来の自分を生きていない子どもは存在しません。特に生まれたばかりの赤ちゃん、1歳、2歳、3歳ぐらいですね。そこから先は個人差があります。どれだけ長く本来の自分を生きていられるのかは、教育や家庭環境によります。

あなたは、「願望達成の達人」だった

幼い子どもは願望実現の達人です。

なぜそう言い切れるのか？

子どもは好きなこと、やりたいことをわかっているからです。自分はこれが好き、これが嫌い、これやりたい、これやらないということが、はっきりしているのです。

子どもには、好きなこと、やりたいことがたくさんあります。私の娘が3歳の頃に、私が娘に「これとこれ、どっちが好き？」、たとえば「チョコレートといちごパフェ、どっちが好き？」と聞くと、「どっちも！」と答えました。「パパとママ、どっちが好き？」「どっちも！」。

このように「どっち？」という質問は、娘にまったく通用しませんでした。

娘は、好きなこと・やりたいことだらけで、ある瞬間、積み木に夢中になっていたと思ったら、次の瞬間はお絵かきに夢中になっていました。

とにかくいろんなことをやるわけです。**その瞬間は、目の前のことだけに夢中になっています。**まさに我を忘れている状態です。

好きなこと・やりたいことは、絞る必要がないのです。たくさんあっていいのです。

あなたは、「やりたいことをすぐやる人」だった

子どもは、好きなこと、やりたいことをすぐに実行します。

「これやりたい」と思ったらすぐにやりますし、「これやりたい」と親に主張してきます。

そのとき、親の都合で、「今これできないから明日やろうね」と言っても、子どもには理解してもらえません。子どもには、「明日」とか「あとで」という言葉は通じないのです。今できないと泣きます。「明日もできるよ。今我慢したら明日もっといいことがあるよ」と言っても理解してもらえません。

子どもは今やることしか考えてないのです。

すごい行動力だと思いませんか?

子どもは、親から要求を断られてもめげません。

「ダメ」と言われてから、本領を発揮します。そして、その場に居座る、泣きわめくなど、さらに強く主張してくるわけです。

もし、大人に子どもと同じことができたら、願望実現は簡単だと思いませんか？

多くの大人は、何か新しいことをやろうとするとき、仕事でも夢を実現する上でも、誰かに拒絶されたり、何かをやってうまくいかなかったら、すぐにあきらめます。もしくは、失敗することを恐れて、そもそもチャレンジしようとしません。

子どものように、**大量に行動して、「断られてからが勝負！」**という姿勢であれば、ほとんどの願望は実現すると思いませんか？

実際、願望実現の達人は、困難にめげず、子どものような姿勢でワクワクしながらチャレンジしています。

あなたは、好きなことに必要以上に執着しなかった

子どもは、好きなことに必要以上に執着しません。これも好き、あれも好き、たくさん好きなことがある。でも、一つひとつのことに、必要以上に執着しません。

今目の前のことにすごく夢中になっているけれど、次の瞬間はまったく別のことに夢中になります。すると、さっきまで夢中になっていたことは、どうでもよくなっています。子どもっておもしろいですよね。

あなたは、「物事を楽しむ工夫を見つける天才」だった

子どもは、物事を楽しむ工夫を見つける天才です。

保育園の送迎のため、私が娘と一緒にバスを待っているとき、バスが来るまでの10分間をどのように過ごしているか？　普通に立って待っていたり、話をしたりすることもありますが、たいてい影踏みなど、なんらかの遊びをします。

子どもはちょっとした遊び、どうでもいい、くだらない遊びをいくらでも思いついてきて、提案してきます。

普通に2人で歩いているときにも、地面の模様を見て、ここは踏む、ここは踏まないとか、遊びながら歩いたりします。大人だったら、そんなことをやる人はほとんどいませんよね。

子どもは、ちょっとしたことをとにかく楽しもうとします。子どもは物事を楽しむ工夫を見つける天才なのです。

子どもは一時的に退屈になることはあっても、慢性的な退屈になることはありません。なぜなら、本来の自分を生きているからです。

あなたは、「本来の自分」を生きていた

ここで、1つ良いお知らせがあります。

すべての大人は、子どもの頃を経験しています。ということは、私たちはみんな願望実現の達人であり、本来の自分を生きることのエキスパートであるということなのです。

今、そうではないとしたら、**単にそのことを忘れているだけ**です。ですから、子ども心を思い出しましょう。

〈ワーク4〉子どもの頃を思い出す

物心ついた頃（2〜3歳ぐらいから、小学校3年生ぐらいまでの頃）を思い出してみてください。

そのときしていた**遊び、夢中になっていたこと、好きだったこと、楽しかったこと**を書けるだけ書き出してください。

書き終わったら、ワークをやって気づいたことも書いてみましょう。

頭で考えても、好きなことは見つからない

――「毎日がつまらない」を手放す秘訣③

好きなことに出会うのは、恋愛と同じようなものです。

人を好きになるのに、理屈はいりません。それよりも感覚が大事です。

私たちが誰かを好きになるのに、理屈で好きになりますか？　ならないですよね。

「自分がどんな人を好きになったらよいかを明確にするために、自己分析をしよう。まずは、自分がこれまで好きになった人はどういう傾向があったのかを分析する。その分析結果を元に、自分はどういう人を好きになったらいいのか、その人の条件を上げて、よし、こういう人を好きになろう」

このようにやって、恋愛はうまくいくと思いますか？　いかないですよね。

ですが、「好きなこと」を見つけようとするときには、なぜか、このやり方をしてしまう人が多いのです。

ちなみに、結婚については、また別の話です。結婚に関しては慎重に条件を重視する人もいますからね。

一方、**目の前の人を好きになるかどうかについては、理屈は関係ない**のです。好きだから好きなのです。

幼い娘に「それ、なんで好きなの？」と聞いても、「だって、好きだから」という回答が返ってきます。そういうものなのです。理屈は関係ありません。恋愛と同じなのです。

好きなことがわからない人の思考グセ

「思考の声」は損得、「ハートの声」は好き嫌いを示します。

頭で考えて、損得、つまり、お金に結びつくかどうかで、好きなことかどうかを判断しないことが大切です。

これは、多くの人がやりがちなことです。

「好きなことがわからない」「やりたいことがわからない」と言っている人の多くは、「お金に結びつかないようなこと」は、好きなこととして設定してはダメだと思っています。**お金に結びつくかどうかは、はっきり言って、どうでもいいこと**です。

私たちは何でも頭で考えようとしてしまう傾向があります。**感覚よりも、思考を優先**してしまう。

頭の中で「好きなことは何か？」「やりたいことは何か？」を考えようとしてしまう傾向があります。

そのやり方だと損得は出てきても、好き嫌いは出てきません。

思考に頼る代わりに、ハートからの声、感性、直感を大切にしてください。

好きなことで稼いでいる人ほど、狙っていない

好きなこと・やりたいことは全部ハートの声からやってきます。

テレビに出演するラーメン評論家は、テレビに出ようと思ってラーメンを食べ始めた人たちでしょうか？

違いますよね。好きなことを夢中になってやり続けていたら、たまたま、その結果としてテレビに出るようになったわけです。

好きなことで稼いでいる人の多くは、最初は、お金になるかどうかはどうでもいい、とにかく好きなことに我を忘れて夢中になっています。

すると、いつの間にか、それが人に価値を与えるようになり、収入を得るようになっているのです。

ラーメンを食べることが、なぜ収入に結びつくのでしょうか？

普通に考えたら、おかしいですよね。単なる消費活動です。好きなものを食べているだけです。

とにかく好きなことを追求して、それをまわりの人と分かち合うことによって収入に結びつくのです。

しかし、**最初から分かち合おうと思って何かを始めたら、そこまで夢中になれません。**それは、本末転倒です。

収入を得ようと思って、たいして好きでもないのに、ラーメンを毎日食べ続けるのは地獄です。だから、続かないし、無理やり続けても、人に価値を与えるほど質の高いものにはなりません。

好きを追求した上に、それを世の中の価値と結びつけた人が、好きなことで稼げるようになるのです。

まずは好き、世の中の価値はそのあと。

先に損得、お金になるかどうかを考えないということです。先に損得を考えた時点で、もう本来の自分ではなくなっています。

何かを好きになることは、恋愛と同じようなものであるというお話をしましたね。理屈ではない、その感覚を思い出していただきたいのです。そのために、次のワークをおすすめします。

〈ワーク5〉人を好きになったことを思い出す

これまでの人生で、**誰かを好きになったことを思い出し、そのときの体験（状況、感覚、気分）を味わってみてください。**

書き終わったら、ワークをやって気づいたことも書いてみましょう。

好きに理屈はいらない

恋愛以外でも、友人や、会社の人間関係の中で、自分と馬の合う人、合わない人はいますよね。誰にでも、好きな人、嫌いな人、苦手な人がいます。それは理屈ではありません。

理屈は、無理やり挙げられるかもしれませんが、後付けです。**人を好きになったり、嫌いになったりするのは、直感であったり、感性で決まります。**

共通のものが好きであるとか、趣味が似ているとか、何か引き寄せられるところがあるとか、あとは相手が、自分が持っていないものを持っていて、こっちも相手が持っていないものを持っていて、お互いに補完し合うような感じがするとか。何回か会う中でそうしたことに気づいて、直感的に「この人、合うな」と思うかどうかです。

好きな芸能人も同様です。芸能人を好きになったり、嫌いになったりするのも、理屈ではなく感覚です。

とにかく好きなものは好き。これが、何かを好きになるという感覚なのです。私たち、みんなすでに知っています。これまでの人生で、人を好きになったり、嫌いになったりしてきたわけですから。

ところが、**なぜか好きなことを見つけようとする人の多くは、感覚よりも理屈を重視する傾向**があります。頭で考えて見つけようとしてしまう。そのやり方ではうまくいかないことを覚えておいてください。

好きなこと・やりたいことを探そうとしない

――「毎日がつまらない」を手放す秘訣④

好きなこと・やりたいことがわからない人の大きな過ちは、それらを探そう、見つけようとしていることです。

好きなこと探しをしている3歳児は、どこにいるでしょうか？

好きなことを探すというのは、おかしいことなのです。不自然です。好きなこと・やりたいことは、探すものではなく、見つけようとするものでもありません。**好きなこと・やりたいことは気づくもの**なのです。

恋愛において、「さあ、誰を好きになろうかな」と思って誰かを好きになるわけではありませんよね。「もしかしたら、この人好きかも」というように気づくものなのです。

好きなことに気づくための秘策

好きなこと・やりたいことに気づけるようになるには、好き・嫌いという感覚を取り戻すしかありません。多くの人はその感覚が鈍っています。

好き・嫌いという感覚を取り戻すには、**「ネガティブ感情にふたをしない」**ことです。

拙著『「めんどくさい」がなくなる本』（フォレスト出版）にも書きましたが、多くの人は、ネガティブ感情（怒り、罪悪感、不安、恐怖など）を持ってはいけないと思っています。しかし、それは、自分を苦しめる考え方です。

多くの人は、ネガティブ感情を持ったときに、なるべくその場で、湧き出たネガティブ感情を抑え込もうとします。もしくは、そんな感情を感じていないように、とぼけたりします。

気づいていても、ふたをするか、気づいていないふりをするのです。

「ネガティブ感情にふたをする」と起こる副作用

ネガティブ感情にふたをする最大の欠点は、その感情にふたをすることで、ポジティブ感情にもふたをすることになる点です。

私たち人間は、特定の感情だけにふたをすることはできません。**感情にふたをすることは、すべての感情にふたをすることになる**のです。

つまり、ネガティブ感情にふたをすることで、「うれしい」「楽しい」「喜び」などのポジティブ感情が感じにくくなります。さらに、「おいしい」「好き」「やりたい」という感情も感じにくくなります。

「自分が本当に好きなことがわからない」「自分が本当にやりたいことがわからない」と言う人は、**自分の感情に長い間ふたをしてきたので、そもそも好きとか、やりたいという気持ちを感じられなくなっているケースが多い**のです。

逆に、自分の感情にふたをしないで、自分の感情に敏感になれば、今までよりも食事がもっとおいしくなり、好きなこと・やりたいことがはっきりします。そして、より大きな喜びや感動を味わう人生を送れるようになります。

具体的にネガティブ感情にふたをしないようにする方法については、次の項目『ネガティブ感情』とうまく付き合う」で詳しく解説します。

とにかく、**好きなこと・やりたいことは見つけようとするものではなくて、探すものでもない、気づくもの**です。

気づくためには、単に鈍っている、好き・嫌いの感覚、それを取り戻せばいいだけです。

私たちはみんな、子どもの頃は、好きなこと・やりたいことがはっきりわかっていました。だから、もともとあなたには気づく能力は備わっているのです。単にその感覚を忘れているだけですから、取り戻せばいいのです。

「ネガティブ感情」とうまく付き合う
――「毎日がつまらない」を手放す秘訣⑤

他人や自分が、自分のルールを破ったときに、人はネガティブ感情を感じます。人はそれぞれ異なるルールを持っています。

ルールとは、**「～べきだ」「～べきでない」という無意識の思い込み**のことです。これは、私たちの中でいつの間にか勝手につくられました。自分で意識的につくったわけではないことが多いのです。

幼い頃から、親に「人様に迷惑をかけてはいけない」と言われたとか、メディアから影響を受けたとか、自分の過去の経験から、いろんな形で自分の知らないうちに、たくさんのルールがつくられてきました。

たとえば、「相手の話を途中でさえぎるべきではない」というルールを持っている人がいるとします。その人が私に話しているときに、突然私がその人の話をさえぎって話し始めたら、その人は不快に感じます。なぜなら、その人は私によってその人のルールを破られたからです。

一方、同じ状況で不快に感じない人は、誰かが自分の話をさえぎったときに、「別にさえぎってもいい。話をさえぎる必要があったから」と思うわけです。

他にも、たとえば、「人前で、感情的になるべきではない」というルールを持っている人がいるとします。

その人は、自分に感情的に接してくる人に対して、不快な気持ちを感じます。

なぜなら、その相手が自分のルールに反する考えや行動を示したからです。

あの人を嫌いになる理由

自分に不快な思いをさせる相手のことを、人は嫌いになります。

それが積もり積もっていくと、徹底的に相手のことが嫌いになっていきます。

嫌いな人は、会う度に、自分のルールを破ってきます。

人が誰かを嫌いになるのは、相手に不快感を覚えるからです。もしくは、その相手といる自分に不快感を覚えます。そのどちらかなのです。

それは、**自分のルールを、自分または相手が破っている**からです。

仮にそのルールがなかったら、なんとも思いません。

すぐ感情的になる人が目の前にいても、「人が感情的になるのは普通のことだし、誰もがやっていることだ」と思っている人にとっては、不快感は生じないわけです。

自分を苦しめるルールを手放す方法

ルールを手放すために、一番おすすめしたいのは、**「自分に甘くなる」**ということです。

多くの人は、自分に甘くなるという表現に対して、ネガティブなイメージを持っています。

「自分に甘くしちゃダメだ」「人様に甘えるな」

そういう人がとても多いのですが、実はそこが大きな盲点なのです。

多くの人は、「自分に甘い考え」＝「自分に甘い行動」だと勘違いしています。

たとえば、土曜日に、やりたいことがいろいろあったけれど、つい、一日中ダラダラ過ごして、何も生産的な活動ができなかったとしましょう。

この状況において、自分に甘い行動というのは、ダラダラしたことです。

自分に甘い考えというのは、そのダラダラした自分をＯＫと思うことです。

「この休息は必要だった。それだけ疲れていたからダラダラした。必要な休息をとるのはいいことだ。むしろ積極的にダラダラしよう」という考えは、自分に甘い考えです。

ダラダラすることは、いいか？　悪いか？

一方、自分に厳しい考えというのは、「ダラダラすべきでない」「ダラダラしてしまったなんて、自分はどうしようもない人間だ」と思って、自分を責めることです。

あなたは、これまでの人生でダラダラしたことはありますよね。みんなあります。

人はなるべく楽をして生きたいと思う生き物ですから、**人がダラダラするのは、自然なこと**です。

多くの人は、自分以外の人はダラダラせずに活動的で、自分だけがダラダラしていると思っていますが、そんなことはありません。

自分に厳しい考えを持ったときには、人は自己嫌悪に陥ります。ストレスを感じます。ストレスを感じたら、もっと休息が必要になります。もっとダラダラする必要が出てくるわけです。

つまり、**自分に厳しい考えをしている人ほど、自分に甘い行動をとる**という結果になるのです。

「自分に甘い考えを持つ」＝「自分に甘い行動をとる」というのは幻想です。

自分に甘い考えを持ち、「べき」「せねば」というルールをあまり持たない人ほど、本来の自分の力を活用し、より行動的になることができるのです。

そのためには、自分を苦しめ、収縮させるようなルールを手放すことをおすすめします。

ネガティブ感情は、できるだけじっくりと感じる

ネガティブ感情は、体感覚と共にじっくりと感じるのが効果的です。

私たちは、体感覚と共にネガティブ感情を感じるときは、苦しみが生じにくいのです。なぜなら、**体感覚に集中しているときは、思考が働きにくい**からです。

苦しいという感情は、思考からきています。先ほどからお伝えしているルールというのは思考です。

つまり、ルールとは、「～べきである」「～べきでない」という無意識の思考なのです。その思考に反する言動や考えを自分や相手が示したら、不快な感情が生じます。その不快な感情は思考からきていますから、体感覚と共にネガティブ感情を感じることに集中しているときは、思考が働きにくく、苦しみは生じにくいのです。

たとえば、私が「人の目の前でつばを吐くべきでない」というルールを持っているとします。そして、目の前の男性が私の目の前でつばをペッと吐いて去っていったとします。

すると、私はイラッとして、不快な感情が出ます。

そのときに、体感覚と共に感じると、イライラは感じるけれども、苦しくはありません。あくまでも、怒りの感情そのものを感じられるわけです。

ですからまず、ネガティブ感情に気づくことが大切です。

目の前で誰かがつばを吐いたときに、何かちょっとわだかまりがあるとします。別に気にしないふりもできるし、無視することもできるけれども、何か心に違和感が残っている場合に、ちゃんとその感情に気づいてあげるのです。

とぼけない、無視しない、こんなのを感じてはいけないと思わない。まず自分が感じている感情に気づく。

「この感情って、何だろう」「怒りかな？　イライラかな？」というように、まず気づいてあげる。そして、その感情をその場でしっかり感じてあげることが大切です。

その場でネガティブ感情を感じるのが難しいときの対処法

ただ、その場でしっかりとネガティブ感情を感じるのが難しいケースもあります。

たとえば、大勢の目の前で上司が私に怒鳴りつけてきたとします。

私が、「人を公衆の面前で怒鳴るべきでない」というルールを持っていたら、すごくイライラします。

もし、その気持ちを上司に思いっきりぶつけたらどうなるかといえば、これは問題が生じる可能性が高くなります。昇進のチャンスを失ったり、最悪の場合、失業することになるかもしれません。

その場合、上司に気持ちをぶつけることなく、ただひたすらその場で怒りをずっとしっかり感じる必要があるかというと、そうでもないわけです。

その場は、現実に逆らわず、上司の対応を受け入れます。しかし、自分の中で、イライラした感情は残ります。

そこでどうするか？

上司のガミガミが終わったあと、ちょっと外に出るとか、トイレに行くなど、**短時間でいいので、1人の時間をつくる**のです。

そこで、イライラの感情に向き合い、「さっき、感じたあの感情は何だったのだろう。イライラかな？」と気づいて、しっかりと感じてあげるわけです。

ネガティブ感情は、しっかりと感じてあげれば、役割を終えて、自然に去っていきます。

感情は、「注目されたい」という気持ちがすごく強いので、それを感じていないふりをしたり、お酒を飲んで一時的に忘れても、あとでまたやってきます。

ですから、感情はその場、もしくは、そのちょっとあとでじっくりと感じることをおすすめします。

「好きなこと」を特別視しない

──「毎日がつまらない」を手放す秘訣⑥

自分の好きなことがわからないという人がいたら、その人は、それがウソであることに気づいていません。

「私は自分の好きなことがわからない」と言っている人は、ウソをついているわけです。しかも、それがウソであることに気づいていないのです。

誰にでも好きなことはあります。

「好きな食べ物は何ですか？」「好きな飲み物は何ですか？」「好きな異性のタイプは？」「どんな服を好んで着ますか？」

こうした質問にほとんどの人は答えられます。

「それらは、好きなことに入らない」と言う人は、好きなことを特別視しているだけです。

好きというのは、1つの感覚です。それは、私たちみんな持っています。誰でも、好きなことはあります。

でも、頭で考えているから、「それはお金に結びつかない。だから自分が好きなことではない」と言っているだけです。好きなことを特別視しているだけなのです。

「どうしても好きなことがない」と思っている人へ

それでも好きなことがないと言う人には、嫌いなことを挙げることをおすすめします。

たとえば、「嫌いな食べ物は何？」「嫌いな飲み物は何？」「嫌いな仕事はどんな仕事？」というように、好きなものを挙げるとなかなか出てこないけれども、嫌いなものだったらいくらでも出てくるという人は世の中にはいます。

好き・嫌いの両面から見ていけばいいのです。

誰にでも好きなことや嫌いなことがあります。

好きとか嫌いという感覚が鈍っているのですから、それを取り戻せばいいだけです。その感覚を取り戻せば、自然と好きなことを、もっとやれるようになります。

好き・嫌いの感覚が鈍っていたとしても、それがないわけではない。好きなことがないわけではないということです。

そのことに気づいて、好きなことを特別視しなければ、自然と好きなことが増えていきます。

「才能」を特別視しない

――「毎日がつまらない」を手放す秘訣⑦

多くの人は、「自分には特別な才能なんかない」と思っています。それは、もしかしたら正しいかもしれません。実際、私も自分自身が特別な才能を持っていることは思っていません。

特別な才能を持っている人は、ごくわずかです。

たとえば、野球のイチロー選手は特別な才能を持っているでしょう。オリンピックで金メダルを取るような人たちも特別な才能を持っています。

ただ、**特別な才能を持っている人は少ないですが、才能のない人はいません。**

誰もが才能を持っています。

好きなことを仕事にして幸せに働いている人の多くは、特別な才能を持っていません。**人よりもちょっとだけできる才能を組み合わせているだけ**です。

たとえば、「人よりちょっとだけ文章を書くのが好き」という人は、世の中に結構います。「人よりちょっとだけ人と仲良くなるのがうまい」という人もいます。「人よりちょっとだけ情報収集がうまい」という人もいるでしょう。

あなたのまわりや知り合いにもいるでしょう。

これらを組み合わせて、カリスマブロガーや著者として活動している人たちがいるわけです。好きなことを仕事にしたり、自分の夢を実現するために、特別な才能は必要ないことが多いのです。

たとえば、私が著者の人たちの集まりに出かけると、特別な才能を持っている人はほとんどいません。（そんな大会があるのかどうか知りませんが）ライティングの世界大会で優勝した人はいません。単に、人よりもちょっと書くことが得意というレベルの人たちばかりです。

他の人よりちょっと情報収集が得意な人はいても、情報収集コンテストで世界ナンバーワンを取った人はいません。ちょっと人と仲良くなるのがうまいという人はいても、人間関係構築に関する世界的な大会で1位を取った人などいません。どこにでもいる人たちばかりです。

ちょっと得意なことを組み合わせるだけ

自分が他の人よりもちょっとだけ優れている分野があるとともに、別の分野で他の人よりも劣っている部分があるかもしれません。

それは、個性です。**才能は、言い換えれば、個性**です。

私たちは一人ひとり違うのですから、一人ひとりが得意な分野もあれば苦手な分野もあります。

ちょっとでも他の人よりもできそうなところをいくつか組み合わせて、それで十分活躍することができます。好きな仕事で活躍している人たちは、そうした人たちばかりです。

私はプロの講演家ですが、世界スピーチ大会で優勝どころか、国内のスピーチコンテストにも出場したこともありません。講演家として活動している人たちのほとんどが、人よりちょっと話すのが好きであったり、目立ちたがりというだけなのです。

一方で、オリンピックで金メダルを取るような人たちは、完全に特別な才能を持っています。彼らは選ばれし人たちです。

特別な才能は、遺伝子でかなり決まります。そうした特別な才能で活躍している人たちを見て、多くの人は、「ああ、自分は才能がないからダメだ」「夢を実現できるのは、ああいう特別な人たちだけだ」と思ってしまうのです。

実際、夢を実現している人たちのほとんどは、誰もが持っている才能を単に組み合わせただけです。つまり、**自分の個性を活かしているだけ**だということを、ぜひ覚えておいてください。

興味あることは、手当たり次第やってみる

――「毎日がつまらない」を手放す秘訣⑧

多くの人は、自分の好きなことや才能が明確になってから、何かを始めようと考えています。

しかし、そのやり方では永遠に好きなことや才能に気づきません。実際にやってみないと、それが好きなことなのかどうか、才能があるかどうかわからないからです。

私たちが子どもを育てるとき、子どもが何かをやってみて、他の子どもよりう

まくできたら、「おー、この子は、この分野で才能があるかもしれない」とわかりますよね。

しかし、子どもがやったことのない分野については、事前に才能があるかどうかはわかりません。**実際にやってみて初めて、その分野で才能があるかどうかがわかる**のです。やる前にわかろうとするというのは非現実的なのです。

子どもは、興味があることは手当たり次第やってみます。その中で好きなことは長く続け、そうでないことはあっさりと手放します。

才能があるかどうかは、やってみて自然に気づくものです。やってみて、なんか周囲の人が、「あっ、この子うまい。才能あるかも」と言って、本人がその気になるという感じです。例外はありますが、ほとんどのケースにおいて、やる前にわかる人なんていないのです。

ですから、**本来の自分を生きる上では、ちょっと興味あるな、おもしろそうだなと思ったら、とにかく手当たり次第、まずはやってみることが大切です。**

いきなり会社を辞めて、新しい仕事に就きなさいと言っているわけでありません。たとえば、その分野で働いている人の話を聞く。ちょっとやり方を教えてもらう。ボランティアとして手伝う。弟子入りさせてもらうなど、なんらかの形で、その分野を少しでも経験してみると、それを好きかどうか、自分に向いているかどうかがわかります。

考えすぎる人ほど、動けなくなる

実際にやる前にいろいろと考えすぎないことが大切です。

考えすぎると、「やっぱり向いていないかも」「自分には才能なんてない」「好きかどうかわからなくなってきた」などと考えてきて、やろうとする気がなくなります。

一方、やる前に「自分はこの分野で絶対に才能があるはずだ」とか、「これは好きに違いない」と思って、自分の全財産をかけて起業をして失敗する人がいます。

やってみて、好きでもないし、自分の才能も活かせないことに気づいたから、続かなくなるのです。

このような人は、実際にやってみることを軽視したわけです。**一部分でもいいから、なるべくリスクのない形でやってみる。**すると、自分が好きかどうか、自分に向いているかどうかがわかります。

自分に向いているとわかってから、本格的に始めても遅くはありません。

まずは実際にやってみる。それから判断することをおすすめします。

生きている実感を味わう

――「毎日がつまらない」を手放す秘訣⑨

ラテン語で、「メメント・モリ」という言葉があります。「死を想え」という意味ですが、**死を想えば、生へのありがたさ、生きている実感、生きる力が湧いてくる**というものです。

もう少し具体的にお伝えします。

人は、死ぬことを意識したときに、生きている実感が湧くということを聞いたことはありませんか？

たとえば、ガンを告知されて、自分がいつ頃亡くなるのかをわかっている人は、生きていることのありがたみを知っているから、1日1日、一瞬一瞬を大切に生きるようになるという話を聞きますよね。

また、ギャンブルやスカイダイビングなど、スリルにハマる人たちが、世の中に存在します。彼らがなぜスリルにハマるのかというと、スリルを感じているときに、生きている実感があるからです。

スリルやリスクは、失敗すると、どこか死を意識する部分があります。ドキドキ・ハラハラを求めて、ハマる人たちがいるわけです。

私は決してこれらを積極的にすすめているわけではありません。

死を意識しなくても、恐いと感じたことをやっているときに、生きている実感

は得られます。

生きている実感がないときは、息はしていても、精神は死んでいるような状態です。そうした状態では、真に生きてはいないと言えます。

「生きている実感がある」とは、喜びや歓喜、興奮、ワクワクなどの言葉で表現できます。

そうした感情がいっさいない人生は、呼吸はしているけれども、精神的には死んでいるようなものだとお伝えしたいのです。

チャレンジが生きている実感を生む

「興味があるのに、恐くてできない」ものがあったら、ぜひ思いきって、やってみてください。

そのとき、あなたは真に生きることができます。慢性的な退屈からも解放されます。

恐怖から逃げ続けている人は、たいてい慢性的な退屈に陥ります。本来の自分を生きる上では、**「興味があるのに、恐くてできないこと」をやってみることが大切**です。

子どもは、興味があることは手当たり次第やってみます。そして、時には痛い思いをして泣く。思いっきり泣いたら立ち上がって、また何か興味あることをやる。そして痛い思いをして泣く。でもまた興味があることをやっての繰り返しです。成長が早いわけですね。子どもは本来の自分を生きていて、生きているという充実感がそこにはあるのです。

しかし、多くの大人は、「興味はある。だけど、恐くてできない」というものは、やりません。

そうすると、人生がつまらなくなります。

退屈の原点

安定と退屈はセットです。私たちは、**リスクがなく、恐くないものに対して退屈します。**

たとえば、いっさいスリル的な要素がなく、主人公がまったくピンチに陥らないアクション映画はつまらないわけです。

私は「恐いことをやりましょう」「ギャンブルをしましょう」などと言っているわけではありません。

もし、あなたが**興味があって、やりたいと思っているのであれば、怖くても、それをやったほうがいい**とお伝えしたいのです。

そのときに、人は生きている実感を得ます。逆にそこから逃げていたら、呼吸はしているけれども精神的には死んでいる状態になります。むなしい、慢性的な退屈を感じるはずです。

「ワクワク」と「ドキドキ」はセット

私は講演家になる前、講演家になることをとても恐れていました。「こんな自分が人前に立って話すなんてありえない」と思っていました。

ワクワクとドキドキは、ほとんどの場合、セットです。心からやりたいことには恐怖や不安がつきものです。逆に不安や恐怖がまったくないことには、ワクワクしません。楽ですが、退屈です。

私もこれに気づくまでは、人生がむなしく、苦しい状態でした。しかし、ようやく気づいて、講演家としての第一歩を踏み出してから、その苦しみから解放されました。慢性的な退屈からの脱却です。そこには、大きな喜びが待っていました。

〈ワーク6〉「興味はあるけれど、怖いこと」を洗い出す

「興味はあるけれど、やるのが怖いこと」を書けるだけ書き出してください。書き終わったら、ワークをやって気づいたことも書いてみましょう。

恐れや失敗を、未来のエネルギーにする

多くの人は、心からやりたいことにはドキドキします。心からやりたいことには、なんらかの恐れがあることが多いのです。

その恐れがあるから、多くの人はその道を選ばないわけですが、そこを乗り越えた人は、本来の自分を生きています。そこを乗り越えるための大切な要素は、

とにかく生きている実感を得ることです。

「毎日がつまらない」「何もかもがつまらない」ときは、いわゆる精神的な死の状態です。こうした状態はむなしいし、苦しい。

人は必ず死にます。とりあえず何かを食べて息はしているけれども、そうした精神的に死んだ状態で、あなたは一生を終えたいのでしょうか？

一方で、恐いけどやってみた。そして傷ついた。でも、それで成長した。生きている実感がある。

そうしたチャレンジと成長の末に、「やりきった」と言って、自分の人生を終えたいのでしょうか？

どちらが正解というのはありません。**大切なのは、あなたがどちらの人生を選択するか**です。

恐怖を感じているときに、人は生きている実感があります。生きている実感を得ながら、恐くても前に進む。成功も失敗も経験する。そうした経験をもとに前へ進むわけです。

現代日本においては、失敗しても、実際に死ぬことはまずありません。

もちろん、失敗しないように最善の対策は立てます。

たとえば、山登りや海外旅行で、危険な目に極力遭わないように対策を立てますよね。起業や夢を実現することが恐いのであれば、準備すればいいのです。致命的な失敗を避けるために、対策はいくらでも立てられます。

あとは、あなたがどちらを選択するかです。

精神的な死を選択するか？　それとも、生きている実感を選択するか？

それによって、あなたの人生が決まります。

本来の自分にそぐわないことには「NO!」と言う——「毎日がつまらない」を手放す秘訣⑩

自分のハートに響かない依頼は、丁重に断りましょう。

多くの人は、どうしても嫌なことには「NO!」と言えます。一方、**別にそこまで嫌ではないことは引き受けてしまい、膨大なエネルギーと時間を失います。**

こうした人が圧倒的に多いのです。

『7つの習慣』で有名なスティーブン・R・コヴィー博士は、「最良の敵は良である」と言っています。「最悪」は、私たちは普通に避けますから、たいして問題ではありません。

何かを依頼されて、「別にそこまで嫌ではないな」という理由で引き受けてしまう人は、「最良」のために割く時間を無駄にしています。

そこで膨大な時間とエネルギー使ってしまうから、自分が心からやりたいことができなくなってしまうのです。

「最良」をつかむために、「良」を手放す

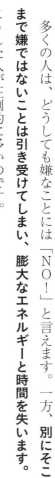

ですから、こうした「良」を手放すことが大事なのです。**多くの人は「良」にしがみついてしまいます。**もしくは、知らず知らずのうちに「良」を選択してしまうのです。

なぜ「良」を選択してしまうかというと「最良」が明確でないからです。**自分にとっての「最良」が明確でないと「良」に対して自然とNOと言えないのです。**

ですから、「良」が最大の敵なのです。「最良」つまり、自分が心からやりたいこと・実現したいことに集中している人は、「良」が来たときに、自然とNOと言えるのです。「最良」が明確でないと、なんとなく生きている。だからとりあえず次から次へと来る依頼に、「そこまで嫌ではない」という理由で、イエスと言ってしまう。ですが、心の奥底で、ハートは「NO!」って言っている。「最良」がわからないから、その声が聞き取れず、「良」の依頼を受けてしまうのです。

こうした「良」で人生を埋めつくされたら「最良」の人生を送れるわけがありません。

そして、覚えておいてほしいのですが、**「最良」の人生以外は、苦しい人生だということです。**「最良」の人生以外は、むなしい人生です。慢性的な退屈の状態になります。**本来の自分が心からやりたいこと・望んでいることをやるのが「最良」です。**それ以外の人生は、本来の自分ではなく、誰か他人の人生を生きているのです。

幸せを追い求めない

――「毎日がつまらない」を手放す秘訣⑪

幸せを追い求める人は、幸せになれません。

なぜなら、**「幸せは、何かを達成して得られるものではない」**からです。

すでに、「つまらない」の悪循環メカニズムというお話をしました。

「つまらない」と思う ↓ 新たな刺激へ逃避 ↓ 一時的に満足する ↓ その刺激に飽きる ↓ 「つまらない」と思う、というサイクルです。

この刺激の中には、仕事や恋愛も入っています。退屈から逃れて、そうした刺激を得たときに、一時的な満足は得られるけれども、すぐそれに飽きてしまいます。

恋愛も最初は夢中になります。ですが、退屈から逃げて恋愛している人は、どこかで飽きてきます。飽きて、どんどん相手を代えていきます。何度も離婚する人もいます。仕事を何度も変える人もいます。

別にそれ自体悪いことではありません。ですが、「これさえ手に入れれば幸せになる」というものを手に入れても、**一時的な満足しか得られない**ことを覚えておいてください。

「何かを得たら幸せになる」というのは、すべて幻想です。一時的に幸せな気分を得られたとしても、長くは続きません。そして、幸せな状態ではなくなって、また幸せになるために、新たなものを手に入れようとする。それが手に入っても、一時的な幸せしか手に入らない。こうしたことを繰り返すと、むなしい、そして慢性的な退屈の道に入っていきます。

幸せを追い求めるほど、本来の自分から離れる

幸せを追い求めると本来の自分から離れていきます。

「つまらない」の悪循環を途中で断ち切らない限り、いずれ慢性的な退屈になるのです。本来の自分から離れていきます。

「自分はもっと幸せになりたい、そのためにはこれが必要だ」という考え方は、その幸せにひも付く社会的なイメージから来ています。

「この冷蔵庫さえ手に入れば幸せになれます！」「この資格さえ手に入れば幸せになれます！」というように、さまざまな広告が、「これさえ手に入れば、あなたは幸せになれる」と訴えてくるのです。

それで、私たちは買うわけです。買って一時的に満足はしますが、すぐにあるのが当たり前になって、幸せな気分はなくなります。

幸せになるために何かを得ようとすると、本来の自分ではなくて、自分以外の

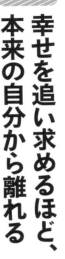

何者かになろうとする生き方になってしまうのです。本来の自分からどんどん離れていくわけです。

本当は逆なのです。

本来の自分を生きていると、いつの間にか幸せになっていることに気づくのです。

幸せを追い求めるのではなく、本来の自分を生きていればいい。

すると、いつの間にか、「ああ、私幸せだな」という状態になっています。

幸せは、本来の自分を生きているときに生じる副産物であり、ごほうびなのです。幸せは目的ではないし、追求するものではない。本来の自分を生きていたら、いつの間にか手に入っているものなのです。

「つまらない」から逃げずに、徹底的に向き合う

——「毎日がつまらない」を手放す秘訣⑫

これまでお伝えしてきたように、退屈とは、本来の自分を生きているかどうかを示すシグナルです。

つまり、退屈は、本来の自分へ立ち返らせてくれるありがたいものと言えます。退屈があるから、私たちは本来の自分でいられるようになるのです。

「つまらない」から逃げずに向き合っていると、人生を変えるエネルギーが湧いてきます。 自然と人生が本来の道へ軌道修正されます。

本来の自分を生きて活躍している人たちの多くは、人生のどこかのタイミングで死ぬほど退屈していた経験を持ちます。

彼らはその退屈から逃げずに、向き合った人たちです。そして、本来の自分の生き方に気づいて、本来の自分を生き始めた人たちなのです。

すべてを手に入れても、幸せを得られない人

たとえば、すでにお伝えした、幸せに関する世界的なエキスパートであるマーシー・シャイモフは、自身の慢性的な退屈に向き合い、本来の自分を生き始めた結果、理由なき幸せを見つけることができました。

マーシーが、私の訳書である『ブレイクスルー!』（フォレスト出版）で、彼女の体験について次のように語っています。

当時私は41歳で、私の人生は何もかも完璧だと思われました。幸福になるために必要だと自分が考えていたものを、私はすべて手に入れていたのです。

子どもの頃、幸福な人生を保証してくれるものは、おもに5つあると思っていました。それは、人々を助ける仕事で成功していること、愛情あふれる夫、快適な家、抜群のスタイル、すばらしい友人の輪です。何年間も学び、一生懸

命働き、いくつかの幸運に恵まれて、とうとう私はそのすべてを手に入れました（むろん、私はハル・ベリーのようなナイス・ボディではありませんが、5つのうち4つはまんざらでもありません）。私がさぞ最高の気分に浸っていたこととお思いになるでしょう。

ところが驚いたことに、そうではなかったのです。

1998年のある日、私の頭の中で大きな警鐘が鳴り響きました。その頃、私が共同執筆した『こころのチキンスープ』女性向けシリーズのうちの3作が、同じ週の『ニューヨーク・タイムズ』紙ベストセラーリストの上位5位にランクインしました。私は8000人の女性たちを前に講演をし、5432冊の本にサインを済ませたところでした。次から次へとサインをする私の手がしびれないようにとの配慮から、クライアントが雇ってくれたマッサージ療法士は、1時間ごとに私の手をさすってくれました。まるで作家界のロックスターにでもなったような気分でした。

しかし、その夜ホテルの部屋に入り、ベッドに身を投げ出すと、突然涙があふれ出しました。成功の真っただ中にいながら、私は自分が幸せではないという恐ろしい事実を認めざるを得ませんでした。外的な達成では埋めることのできない、心の中の虚しさを感じていたのです。手に入れた「もの」のうちのどれか1つでも失うことになったら、と思うと、怖くてたまりませんでした。
私は自分が大きな問題を抱えていることを自覚しました。努力し続ければ幸福になれると自分に言い聞かせて前に進むのは、もう限界でした。成功を手に入れるまでは、1歩前進するたびに自分が成し遂げたことに興奮していましたが、高揚感というものは長続きしないものだと気づきました。自分の人生で成し遂げたことに満足はしていましたが、本当の意味で幸せではなかったのです。幸せというものはたぶん、私が考えていたような条件を達成することで得られるものではないのでしょう。おそらく幸せになるには、条件などないのだと思います。

——『ブレイクスルー！』32ページから引用

彼女は幸せを追求した結果、幸せになるために必要だと考えていたものをすべて手に入れたわけです。人々を助ける仕事で成功していること、愛情あふれる夫、快適な家、抜群のスタイル、すばらしい友人の輪です。これらをすべて最高のレベルで手に入れた。そして彼女は認めざるを得なかったのです。自分は幸せではないということを。

これは彼女にとって、大変なショックでした。彼女は長い間、「つまらない」の悪循環にハマっていたのです。

このことは、私たちみんなが肝に銘じたほうがいい教訓です。**人の役に立つ仕事、家族、健康、友人ですら、逃避の対象になり得る**ということなのです。

彼女は長いこと、「つまらない」に直面せずに、悪循環にハマっていって、世間的には成功しているけれども、内面はボロボロだったわけです。

彼女は、自分の内面を見ないまま、ずっとごまかし続けることができたかもしれません。ずっと「つまらない」から逃げ続けて、もっともっと成功の道を進むこともできたかもしれませんが、彼女はそれをやめました。

彼女は素直に認めたのです。自分は幸せではないことを。そして、心の中でむなしさを感じていたことを。

つまり、**慢性的な退屈であったことを認め、そのことに向き合う**ことにしたのです。

その後、彼女は、心から幸せな人たち、つまり本来の自分を生きている人たちにインタビューをしまくったのです。その内容をまとめ、自分自身でも実践を重ねていきました。そして、理由なき幸せにたどりついたのです。

彼女は、1500万部を超えた世界的ベストセラー作家なのですが、そうした**社会的成功者の人生も、退屈に向き合わない限りむなしい**のです。

退屈に向き合ったら、幸せも成功も両方手に入ります。退屈と向き合うことで、本来の自分に立ち返るようになるのです。

本来の自分を生きることなく、社会的な成功を追い求めても、それは他人の人生なのです。

彼女がそれまで送っていた人生は、本来の自分の人生ではありませんでした。だから、むなしいし、苦しい。

彼女のエピソードを通して、**「つまらない」から逃げずに、向き合っていくことの大切さ**を、改めて感じます。

〈ワーク7〉「つまらない」に向き合う

15分間、何もしないで過ごしてみてください。

会話をしない。無言。移動しない。飲食をしない。読書をしない。ノートを見ない。ゲームをしない。遊ばない。携帯をさわらない。目をつぶらない。寝ない。瞑想をしない。メモをとらない。ただボォーッとして過ごす。

何か考えが浮かんだら、それについて考えてもいいですが、主体的に考えようとしないでください。あるがままに身をゆだねてください。

このワークは、本書の中で最も大切なワークと言ってもいいかもしれません。

他のワークをいっさいやらなかったとしても、このワークだけはやってみることをおすすめします。

このワークを講習会で行なうと、参加者のほとんどが大きな気づきを得ます。

このワークをやり始めた最初の数分は、もしかすると苦痛を感じるかもしれません。ですが、それを過ぎると、心地よい、リラックスした感覚を得るようになります。

この本の中で繰り返しお伝えしていますが、多くの人は「つまらない」「何もしないこと」を悪いものだとか、そういう時間を持ってはいけないものだと思っています。ですから、「つまらない」から逃げることが条件反射として身についているのです。

逃げるから、つらいのです。悪いと思うから、害になるのです。

このワークを通じて、「つまらない」に対して正面から向き合ったら、そこまでつらくはない、むしろそこに心の平安やリラックスがあることに気づきます。

何もしないときに、私たちは理由なき幸せを得ます。 何もしないことのすばらしさを、ぜひこのまま普段の生活の中で実践してください。

第6章

ケース別「つまらない」Q&A集

この章では、私たちの日常生活のあらゆる場面で生じる「つまらない」という悩みに対して、Q&A形式で回答していきます。
この章を読むことで、具体的な対応法がイメージできるようになるでしょう。

〈ケース1〉仕事がつまらない

【悩み相談】

今の仕事が自分に合っているかわからなくて、やりがいを感じられず「仕事がつまらない」と感じています。

【鶴田からの回答】

私自身も、仕事がつまらないと思っていた時期が長くありました。そのときは、本当につらくて、仕事の時間がとても長く感じられました。

「つまらない」と思いながらする仕事と、おもしろくてやりがいを感じる仕事では、人生全体の満足度や幸せ感が、まったく違ってきますよね。

そのため、仕事が「つまらない」ということの重大さは、よくわかります。

◉何に対してつまらないのかを特定する

ただ、仕事自体がつまらないのか、特定のことがつまらないのか、あるいは人間関係によってつまらないのかで、対応法が変わってきます。

多くの人が悩んでいるのは、人間関係です。

たとえば、上司に評価されなかったり、苦手な人がいるときは、つらいものです。職場での人間関係がつらいと、いつの間にか仕事が「つまらない」という認識になってしまうのです。

また、仕事に対して苦手意識があると、それも「仕事がつまらない」という認識になります。仕事を上手くこなすことができる人は、仕事を楽しんでいます。

その他に、自分に無理をさせていることも、原因になっているでしょう。無理をすればするほど、本来の自分から離れてしまいます。慢性的な退屈というのは、本来の自分から離れているときに生じます。

◉仕事内容がつまらないときの対処法

そのため、特定の仕事内容が「つまらない」と感じている場合は、自分らしく仕事をすることに意識を向けてください。

自分らしく働くということは、とても大切なことです。自分の本質に合った仕事をすることが、あなたにとって一番大切なことになります。

自分らしく働くには、どうすればよいのでしょうか?

それは、**自分に合った環境で、自分に合ったスタイルで仕事をする**ことです。

自分にまったく合っていない環境で仕事を続けるのは、かなり苦しいですね。可能であれば、その環境を変えてしまうのがよいかもしれません。

極端に言うと、**仕事を辞める**ということです。または、**別の部署に変えてもらうように働きかける**のも1つの手です。

「今の環境では、仕事の力を発揮できなくて、つまらない」と思いながら仕事を続けることは、つらいことです。

今の環境でも、**目の前の仕事を全力でやれば、将来自分がやりたい仕事に就くことができるという希望があれば、前に進むことができる**でしょう。

仕事に対して、慢性的な退屈の状態になっている場合は、これまでお話ししたように対応すれば解消されていきます。

◉今やっている仕事に「意味や楽しさ」を見いだす重要ヒント

一方、仕事に対して、一時的な退屈を解消するには、**今やっている仕事に「意味や楽しさ」を見いだす**ことです。

仕事が「つまらない」と思っているのは、その仕事に「意味や楽しさ」を見いだせていないからです。

今行なっている仕事が、将来の自分にとって大切なことにつながっているかどうかは、1つの検証材料になります。その意味を見いだせれば、仕事が「つまらない」とは思わないようになってきます。

私が以前働いていたマイクロソフト社では、誰ひとりとして退屈そうに仕事をしている人を、見かけませんでした。なぜなら、今やっている仕事が、会社や他の部署とどのようにつながっているのか、自分のキャリアや夢にどのようにつながっているのか、その意味を皆が明確にしていたからです。

このような感覚で仕事をすれば、「つまらない」と思うことはなくなるでしょう。

もちろん、ハードワークや残業続きなど、しんどいときもあります。仕事全般で得意とする仕事、苦手とする仕事もあります。

しかし、そこで**どれだけ目の前の仕事に意味を見いだせるかで、仕事に対しての思いが変わってきます。**

◉サラリーマン時代の私が見いだした、仕事に対する「意味・楽しさ」

私がマイクロソフト社の人事部署で人材採用の仕事に従事していたとき、**「この人を採用すれば、どれだけ会社で活躍して世の中を変えていくのだろう」**という思いで仕事をしていました。

このように考えながら仕事をしていたので、本当に楽しかったのです。

単に採用のノルマ達成のため、数字に追われながら仕事をしていたとしたら、仕事に何の意味も見いだすことができなかったかもしれません。もちろん、数字を追うのが好き、数値目標を達成するのが好きな人は、そうした仕事に達成感を得ることができます。

◉まったく意味のない仕事は、この世に存在しない

自分の仕事が、環境、会社、上司、同僚、お客様にどのような影響を与えるのか、考えてみるとワクワクしませんか？

まったく意味のない仕事は存在しません。何の価値も与えていない人に、対価を払う会社はありません。

あなたが行なっている仕事には、必ず意味があるのです。

極端な話をすれば、**ただあなたが会社に所属しているだけでも、あなたは会社に価値を与えています。**従業員が増えると会社は安定企業と認められて、それがブランディングにもつながります。

また、**「私の代わりはいくらでもいるよ」**と思っている人もいるかもしれませんが、人が会社を辞めると、新たな人員を採用しなければならないため、そこで時間とお金と労力が発生します。

もっと言えば、あなたとまったく同じ人間は存在しません。**あなたならではの視点や仕事のスタイル、与える価値は誰にも置き換えることはできません。**

このように考えると、あなたは会社に少なからず貢献していると思いませんか？　あなたの仕事には、必ず意味があります。それが何かを探してみるといいですね。

◉転職で「つまらない」が解決しない場合

環境を変えるために仕事を辞めるという選択肢があるという話をしましたが、これですべてが解決するわけではありません。

「つまらない」の悪循環のところでお話ししましたが、

つまらない　↓　新たな刺激を求める　↓　満足感を感じる　↓　飽きる　↓
つまらない　↓　新たな刺激

と、この繰り返しになってしまう可能性があります。この悪循環に入り込んでしまったら、どこかで断ち切らなくてはいけません。

こうした観点から、**自分らしく働くにはどうすればいいかを自分で模索して見つけることが大切**です。

これには、単に**仕事の内容だけでなく、仕事のスタイルも大切**ですね。

私のようなマイペース型は、得意な分野で仕事を任されると、力を発揮します。逆に、細かく管理されるのは大の苦手です。

また、自営やフリーランスの人であれば、何時から何時までと仕事をする時間や、自分なりのワークスタイルは決めておくほうがいいでしょう。

組織の中で働く人は、上司との信頼関係をつくれば、自分のワークスタイルを伝えることもできます。

実際、自分のワークスタイルを持っている人は、生産性の高い仕事をこなしています。

そうなると、会社・上司・同僚とも、いい関係を築けます。自分勝手なワークスタイルではなく、まわりと協調することでいい関係にもなれるでしょう。

ある意味、自分勝手でありつつも、それだけにとどまらず、周囲の人たちと上手くやっていくことは大切です。

〈ケース2〉結婚生活がつまらない

【悩み相談】

結婚生活が長くなると、夫との会話もなくなり、結婚生活が「つまらない」と思ってしまいます。

【鶴田からの回答】

結婚生活とは、人生の中でも長い時間を夫婦で過ごすものです。また、仕事が忙しくて一緒に過ごす時間が短くても、やはり心の中ではパートナーとつながっています。

共に生きていくという誓いのもとに一緒になったのですから、そこで「つまらない」と思うことは、つらいですよね。

◉「結婚＝幸せ」という幻想

多くの人は、結婚する前と後で、結婚に対しての認識が変わっていきます。結婚前は「結婚＝幸せ」と思うので、結婚とは幸せの象徴になっています。それは、結婚情報誌やドラマなどが大きく影響しています。

結婚すれば自分は幸せになれると思うのですが、実はすべて幻想なのです。結婚すればわかりますが、結婚そのものが幸せにしてくれるわけではありません。

結婚してから、その後のパートナーとのかかわり方や、どのような家庭を築きあげていくかが、幸せの要因になっていきます。

もちろん、独身の頃に結婚に憧れることは、悪いことではありません。結婚が幸せのステイタスのように感じるでしょう。

ところがそのために、結婚自体に憧れてしまい、それを手に入れれば幸せになれると思い込んでしまっているのですね。

しかし、結婚したあとに、それが幻想だということに気がつきます。ですから、結婚は一時的な満足感を得るだけのものになってしまうのです。

大事なことは、結婚そのものが幸せをもたらしてくれるのは、幻想に過ぎないと知っておくことです。

◉「結婚生活がつまらない」と言う人が陥っているワナ

また、結婚相手が幸せをもたらしてくれるわけではないということも、知っておきましょう。

「結婚生活がつまらない」と言っている人の大半は、**結婚や結婚相手に過度に期待しすぎている**のです。

結婚相手であっても、結局、赤の他人です。

結婚したからといって、それが変わることはありません。確かに結婚するとき一生涯の愛を誓い合いますが、人間は状況に応じて気持ちが変わる生き物です。気持ちが変われば考えや行動も変わっていきます。

それを踏まえた上で、自分が幸せでありたいのであれば、理由なく幸せであればいいのです。

そのためには、**パートナーに依存しない**ことが大切です。

パートナーに頼らなくても自分が幸せであれば、自然に相手にもその幸せが伝わっていくので、夫婦の関係が良くなっていきます。

逆に、どうしても波長が合わなければ自然に離れていきます。そのときには離婚という選択もありです。

そして、次の波長の合うパートナーと、巡り合うことができればいいのではないでしょうか。もちろん、私は積極的に離婚をおすすめしているわけではありません。

結婚そのものや結婚相手に依存することなく、**自分自身が人生を楽しめばいい**のです。本来の自分を生きて、理由なく自分を満たすことが大事です。

◉結婚以外の楽しみを見つける

また、結婚ではない別のものに楽しみを見つけるのも、解決策の1つです。

まわりに振り回されて、「夫はこうあるべき」「妻はこうあるべき」という考え方をしてしまうのですが、いったんその考えを手放して、**本当は、自分はどうしたいのかを考える**ことが大切です。

「妻が家事をしなければならない」という考えを手放せば、家事を代行してもらうこともできます。育児にしても、保育園に預ける、ベビーシッターを頼むなど、自分にとって必要な時間を手に入れることができるなら、それもいいことです。

◉自分らしく生きたいのに、パートナーが認めてくれないとき

ただし、自分らしく生きたいけれど、パートナーがそれを認めてくれないときはどうすればいいのでしょうか？

これは、相手と自分との関係性次第です。

相手は相手で認められたい、尊重してもらいたいという思いがあるはずです。

一方で、自分にもその思いはあります。そのときには、お互い本音でぶつかって

話し合うことが大切です。

それを踏まえて、**譲れるところは譲る、譲れないところは譲らない。**自分にとって本当に大切なことは譲らないほうがいいですし、譲ってもいい部分であり、相手に役に立つということであれば譲ればいいのです。

いったん自分の主張は脇に置いて、相手が何を望んでいるのかしっかりと聞いてみましょう。その上で、「あなたのことは十分理解しています」という意思表示をしてから、自分の希望を伝えれば受け入れてもらいやすくなります。

◉その愛は、条件付き？　無条件？

結局、夫婦も別々の人間です。同じ価値観を持っているはずがありません。

ところが、結婚すれば相手を自分の意のままに操れると思ってしまうのですね。「夫婦なのだから」という部分に甘えて、自分の希望に応えてくれて当たり前と思ってしまうのです。**応えてくれなければ、愛がないと思いがちですが、これは間違い**です。

「何かしてくれる」「希望を叶えてくれる」

それが愛だとすると、それは条件付きの愛でしかありません。
しかし、あなたは条件付きの愛を望んではいないはずです。あなたは無条件に相手と愛し合いたいのではないですか？

しかし、**自分が相手に条件付きの愛を与えていて、相手に無条件の愛を求めることはできません。**

相手が無条件で愛してくれるべきだと思っている時点で、条件付きの愛を相手に与えてしまっています。

お互いに考え方も違う、価値観も違う、趣味も嗜好も違っていても愛することができるのが無条件の愛です。

◉相手に対する期待を手放す

そこで必要なのは、相手に対する期待を手放すということです。
「夫はこうすべきだ」「妻はこうあるべきだ」という考えは、相手に依存してしまっています。

誰かに何かを期待するのは、ごう慢な考え方です。

もし、あなたがこのような考え方をしていれば、相手もそのような考え方になってしまうのではないでしょうか。

ですから、**結婚生活やパートナーに依存せずに、自分本来の人生を生きて楽しむ**ことです。自分が夢中になれることを生活の中に持つことです。

自分が幸せであれば、心にゆとりが生まれるので相手にも優しくなれて、相手のために何かしてあげようという気持ちにもなりますよね。

◉結婚生活は忍耐なのか？

また、「結婚生活は忍耐だ」と言う人もいます。

忍耐は1つの美徳ではありますが、そのつらさをわかってほしい、尊重してほしいと思えば思うほど、人にも強いるので、ただの重荷になってしまうのです。

「自分病」になっている人は、とにかく家族のために、子どものためにと思っていますが、実は自分のことばかり考えています。

結局は、**「子どものために」と言いながら世間体を気にして、まわりの人から自分を守りたい**のです。

逆に、自分の人生を楽しんでいる人は、「自分病」にはなっていません。

ですから、家族にも優しくできたり、家族みんなのことをよく見ることもできるのです。

世間体など気にせず、自分自身が幸せであり、そうした自分の在り方を通じて、子どもに幸せや喜びを教えてあげればいいのです。

◉親の幸せが、子どもの幸せ

ただ、**妻であり母である人は、立場上、家族のことを優先することを求められるので、自分らしく生きることが難しくなります**。特に子どもがいると、自分よりも子どもが優先になってしまいがちです。

もちろん、そのこと自体、悪いことではありません。

しかし、それによって**自分が苦しむかどうかが問題**になります。人それぞれ価値観が違うので、一概にこうあるべきだとは言えません。

1つの考え方として、**親が自分の人生を楽しんでいなければ、誰が子どもに人生を楽しんで生きていくことを、教えられるのでしょうか？**　ということがあります。

親が子どものために自分を犠牲にしているとしたら、その子どもは果たして幸せだと感じることができるでしょうか？　もしかすると、重荷に感じてしまうかもしれません。

実は、**親自身が幸せかどうかを、子どもは気にしているのです。**

両親が幸せなのか、幸せでないのか、子どもは親を見て知っています。自分の親が幸せな人生を生きていないと感じると、子どもも人生に希望を見いだしづらくなります。

最高の教育は、「何を教えるか」ではなく「どう在るか」なのです。

その在り方が、人に最も影響を与えます。親が子どものためと考えるのは、もちろんいいことですが、そこに犠牲を感じていたり、親として未熟だと自分を責めていたり、子どものことで両親がケンカをしてしまえば、本末転倒です。

頑張って良い親であろうとすれば、それが子どもにとって逆効果になりえるのです。**ただ親が幸せで在るだけで、子どもも自然に幸せになります。**

〈ケース3〉勉強がつまらない

【悩み相談】

仕事上、必要だと思った資格の勉強をしています。でも、勉強に身が入らなくて、だんだんつまらなくなってきています。どうすれば、勉強が楽しいと思えるようになりますか?

【鶴田からの回答】

勉強が「つまらない」と思っている人は、**その勉強に意味を見いだせていない**と言えます。

その勉強をして資格を取ることができたり、試験に合格したらプラスになることは、なんとなくわかっていても、それが**今の貴重な時間を使ってやることなのかというと、そうでもない気がしている**わけです。

◉その勉強が、必要なのかどうかを見直す

「勉強したほうがいい」という感覚でしかなければ、あなたにとってその勉強が、必要なことなのかどうかを見直したほうがいいかもしれません。その資格がなくても仕事ができているのであれば、見直してみてください。

その上で、**「この資格を取らなければ、どうなるのか？」**ということも考えてみてください。

特に何の支障もなければ、勉強をやめるという選択もあります。

勉強をやめるという選択をしたあとに、やはり必要だと感じれば、続けていけばいいのです。もし、やめると決めて気持ちが楽になるなら、やめたほうがいいですね。結局、あなたにとって、今必要ではないということですから。

◉「やりたくなったときにやればいい」

「勉強をしなければ」「資格を取らなければ」と思って勉強をしているから、苦しいのです。**やめると決めても、やりたいと思ったことは、あとで自然に再開できます。**やめると決めて、そのほうが良くなるのであれば、それはやらないほうが良かったということです。

これは、**勉強そのものに意味がないということではなく、今勉強することに意味がない**ということです。

そして、その後にベストなタイミングで勉強を始めたくなることもあります。**「やりたくなったとき勉強すればいい」というくらいの柔軟性**を持っていればいいのです。やらなければいけないと思ってやることほど、つらいことはありません。

私の娘も習い事をしていますが、「いつでもやめていい」と私は言っています。

そう言うと、結局はやめずに続けていますね。

勉強はいつでもできます。**あなたにとってベストなタイミングで始めるようになる、ただそれだけのこと**です。

◉場の力で、自分を動かす

時には、会社で強制的に資格を取らなければいけないことがあります。ところが、このような勉強は、場の力でできてしまうものです。

思い出してみてください。あなたは学校へ通っていたとき、それなりに勉強をしていましたよね。学校へ通っていなくて、あれほど頑張って勉強していたでしょうか？

これも、学校という場の力が働いていたからです。

大人になってから勉強が苦になるのは、そのような場が少ないからです。会社で強制されている場合、会社という場の力を利用すればいいのです。

会社以外にも、なんらかの勉強する場を見つければ、場の力によって勉強が続きます。

たとえば、**勉強サークルに入ったり、お互いの目標達成を応援する仲間をつくる**というのも効果的です。

〔ケース4〕自分の話がつまらない

【悩み相談】

私は人と話をするのが苦手です。話していても相手がつまらない思いをしていないか気になって、話ができないのです。どうすればいいでしょうか?

【鶴田の回答】

私も経験があります。私は人見知りで、初対面の人とうまく話ができませんでした。人付き合いも苦手で、本当に話がつまらない人間でした。

◉話がつまらない人の共通点

実は、話がつまらない原因は、「自分病」にかかっているからです。

話がつまらない人の特徴は、**自分のことばかり見ている**ことです。話は一緒につくり出すものです。

しかし、**話がつまらない人は、まったく相手のことを見ていません**。会話とは、相手の反応を見て変化していきます。

つまり、「相手の反応を見ていない、あるいは見ようとしていない人の話はつまらない」ということなのですね。

一対一の会話だけでなく、数人のグループでもそうですし、講演家のように一対多数でも同じなのですが、話の内容は相手の反応を見ながら変えていくものです。その場に応じて、一緒に楽しみながらつくっていくものなのです。

◉意識を相手に向ける

ところが、話がつまらない人は、自分のことや自慢話ばかりしてしまいます。

相手を見ていないと、相手に合わせた話をすることはできません。

その背景には、自分を良く見せたい、恥をかきたくない、嫌われたくない、認められたいなどの「自分病」があるのです。自分にばかり意識が向いています。まわりの反応を見ることができていると、相手が自分の話に興味を示していないことに気がついて、柔軟に話の内容を変えることができます。

また、相手をしっかりと見ていると、その人の雰囲気がいつもと違ったり、いつもと違う服装をしていたり、あるいは何だか楽しそうだなと気がつきます。そのように、**相手の反応を見ていると、自然と会話が生まれてきます**。

自分のことばかり話していると、相手に響かないので言葉のキャッチボールもできません。私もそうだったので、本当によくわかります。私もつまらない話しかできなかったのです。だからこそ、このことに気づけたわけです。

◉話がおもしろい人は、コレをやっている

反対に、「自分病」ではない人の話はおもしろいです。なぜなら、**自分をさらけ出しているから**です。**平気で自分の失敗や恥ずかしい経験などをネタに話す**ことができるので、それがおもしろいのです。

人間はゴシップが好きな生き物です。だから、人の失敗などの話は大好きですよね。

実は、**自分の恥ずかしい点をさらけ出しているほうが、恥ずかしくない**のです。人は相手のことをよく見ていて、相手がどのような人なのかわかっています。だから、隠そうとしてもばれているのです。逆に、隠さず話すと自分も楽に話ができるようになりますし、相手も安心して心を開いてくれます。

とにかく、会話を楽しむためには、相手の反応を見ながら一緒に会話をつくっていくという意識を持てばいいわけです。

◉話が何も思いつかないとき

では、相手の反応を見て、何も話を思いつかないとしたら、どうすればいいのでしょうか？

1つ知っておいていただきたいのは、**話題は自分からつくらなくてもいい**ということです。**相手に話を振ればいい**のですね。

相手が自分の話に興味がないなと思ったら、「ごめんごめん。つい調子に乗って話しすぎちゃった。ところで、あなたのほうは最近どう？」と言って、相手に話を振ればいいのです。

すると、相手が話し始めます。**自分が頑張って話をしようとしなくてもいい**のです。会話は自分と相手（複数でも同じ）でつくるものです。自分だけで無理につくる必要はありません。

◉無言を恐れる必要はない

そして、もう1つ大切なことは、無言を恐れる必要はないということです。**無言でいられるのは、お互いの信頼関係があるから**です。この信頼関係の中では、無言の時間が心地よく感じられたりします。

それは、「無言であってはならない」ということを手放しているからです。むしろ、**無言でいられる関係は、すばらしい関係**です。

私たちは言葉だけで、会話をしているわけではありません。一緒にいられるだけでも安心感を得られますし、楽しさ、喜び、悲しみを共有することもできます。会話以外のコミュニケーションは、たくさんあります。会話だけに頼らず、その

場の空気や空間を楽しめばいいのです。

◉初対面でも「つまらない」がなくなる会話術

これは、初対面の人でも同じです。

人は、大きく分けて2つのタイプがあります。**「自分から話す」タイプ**と**「自分から話をしない」タイプ**です。

自分から話をするタイプの人に対しては、ひたすらその人の話を聞いてあげることです。

一方、自分から話をしない人に対しては、あなたから話しかけてみましょう。

このとき、**共通の話題を探せばいい**ですね。まったく共通のものがなければ、天気の話などをすればいいのです。

とにかく、共通点を探すことです。そうした話をすれば、相手も話し始めます。

このことを知っておけば、困ることはありません。

〔ケース5〕自分はつまらない人間である

【悩み相談】

自分には誇れるものや特技がないので、自分に自信が持てません。そのため、人との距離を感じたり、疎外感があり、私はつまらない人間なんだと思ってしまいます。

【鶴田の回答】

私も以前は、自分のことをつまらない人間だと思っていました。特に中学、高校のときはその気持ちが強かったですね。

やりたいことがなく、仲の良い友達もあまりいませんでした。初めは進学校に通っていたのですが、そこで落ちこぼれて、学力の低い学校に転校したのです。そこでは、成績は上のほうになりましたが、特にやりたいこともありませんでした。バイトをしても長くは続かないので、働き続けている人と比べて、自分はなんてダメな人間なんだと思っていました。

恋愛に関しても、好きな女性に告白できなかったり、告白してもフラれたりと、つまらないことばかりです。楽しそうに話しているグループに入っても、何を話せばいいかもわかりません。流行りのファッションや情報にも、ついていけませんでした。

◉人との比較を手放す

こんなに、自分のことをつまらない人間だと思っていた私が、今はまったくそう思わなくなったのは、人との比較を手放すことができたからです。

誰かに受け入れられようとしても、多数派のグループに所属できないと、その人たちと自分を比べてしまい、つまらない人間だと思ってしまいます。学校や会社の中で、人気がある人は話題が豊富であったり、人の興味を引くような話ができたりしますよね。そうした人たちと自分を比べて、疎外感が出てきてしまうのです。

集団の中で疎外感が出てくるのは、単に考え方や価値観が違うだけのことなのです。その人たちと自分を比べる必要はまったくないのですね。

◉才能を特別視しない

また、先の章でお伝えしているとおり、特別な才能を持っている人は、世の中に少ししかいません。オリンピックで金メダルを取る人、世界大会で優勝する人は、本当に生まれ持った才能がある人、あるいは長年それに打ち込んできた人です。

私も含めて、社会の中で好きなことをやって楽しんで生活している人は、ビジネスの分野であれ、社会貢献・福祉の分野であれ、特別な才能を持っているわけではありません。

一方で、才能は誰にでもあります。才能を持っていない人はいません。要は才能を特別視していないということです。

人は誰でも得意なこともあり、苦手なこともあります。これは、個性です。つまり、**才能は言い換えると個性**なのです。別に世界的なコンクールで優勝するほどではないが、料理をするのが好き、絵を描くのが好き、文章を書くのが好き、人と話をするのが好き、一人でいるのが好き、これはすべて個性です。その中で人よりも少しだけできることがあれば、それは才能なのです。それらを組み合わせれば、個性を発揮して、自分が輝くのです。

◉つまらない人間なんて、この世に一人もいない

私は自分のことを普通の人間だと思っています。そして、普通の人間でいいと思っています。自分の個性を理解して、その部分を活かしている人は、楽しく人生を生きています。単に個性を活かすということだけでよいのです。

そう考えると、**つまらない人間なんて一人もいません。**その個性に気がつかず、活かすことができていなければ、それは本当にもったいないことです。

自分の個性に気がついても、それに気づかないふりをしている人もいます。もっと、自分の個性に気づいて、それを活かしていただきたいと思います。

おわりに

ここまでお読みいただき、ありがとうございます。短時間で一気に読んでしまったという人もいれば、1週間ぐらいかけてじっくりと読んだという人もいるでしょう。いずれにしても、「つまらない」という悩みへの対応について、あなたは格段にレベルアップしました。

ぜひ日常生活の中に、本書でご紹介した内容やワークを1つでもいいので取り入れてみてください。それだけでも、あなたの日常生活の「つまらない」は減っていくはずです。

最後に、「なぜ私がこの本を書こうと思ったのか」というストーリーをお話しさせてください。

私は起業する前、10年ぐらい会社員を経験しました。会社員の頃から、よく自己啓発本を読み、起業をして自由な暮らしをするという生き方に憧れるようになりました。

「不労所得」や「自動化」などという言葉を知り、自分はあまり働かないで、自動でお金が入ってくるという自由な生活をしたいと強く思っていたのです。

そのために実際に起業しました。努力に努力を重ね、さまざまな試行錯誤の末に、外注やＩＴシステムを活用することで、ほとんど自分が働かなくても収入を得られる仕組みをつくりました。週4時間以下の労働で、ほぼ毎月安定的に数百万円入ってくるような生活になったのです。そうした生活を数年続けました。

それは、もともと私がすごく望んでいたことなのですが、いざ、そうした生活を手に入れたら、もう毎日が苦しくて苦しくて、仕方がありませんでした。

あまりにも、むなしい。その週4時間以下の仕事というのは、まったく好きなことではありませんでした。ですが、それをやると、儲かるわけです。

当時のことを思い出すと、あまりにも苦しすぎて、涙が出ます。これが、自分が目指していたものだったのかという絶望感。私は、本来の自分をまったく生きていませんでした。

私は、自分が読んだ自己啓発本に描かれていた成功者のイメージに強く影響を受けていました。今考えればバカバカしい話ですが、当時は、お金と自由の両方を手に入れれば、人生の成功者になれると本気で信じていたのです。

他の誰かが描いた成功者という、自分以外の何者かになろうとしているわけですから、いくらお金や自由が手に入っても、不幸への特急きっぷを手にするだけなのに、当時はそんなこともわかっていませんでした。

当時は、人生で最も苦しかった時期と言えます。もちろん、会社員として働いている頃のほうがずっと良かったのです。当時の口グセは、「人生つまんない」と「何のために生きてるのかが、わからない」でした。精神的に死んでいるような状態だったのです。

あまりにも苦しかったのですが、素直に自分が不幸であることを認め、書籍、セミナー、心理セラピーやカウンセリングなど、いろんなところに救いを求めました。

その結果、最終的に、ジャネット・アットウッドというメンター（師匠）に出会って、本来の自分を生きるという生き方を知ったのです。

そちらに人生がシフトしてからは、とても楽になりました。苦しさが取れたのです。その苦しさこそ、この本でお伝えしている「慢性的な退屈」だったわけです。

ですから、どれだけお金や自由を得ようが、それが社会から植えつけられたものであり、かつ、本来の自分にそぐわないものであれば、とても不幸な状態なのです。

今は、週4時間だけ働いていた頃よりも、はるかに多く働いています。ですが、好きな仕事をしながら、家族と穏やかで楽しい日々を過ごしています。もちろん当時の事業は手放しました。

物理的な自由、つまり、暇な時間は少なくなりました。ですが、精神的な自由は広がりました。まわりや世間に翻弄されて、本来の自分を見失うことはありません。そうした経験があるから、この本でご紹介したマーシー・シャイモフのエピソードに心から共感できます。彼女との出会いも私の宝です。

「つまらない」は、あなたの強い味方です。私も徹底的に退屈と向き合った結果、「本来の自分を生きること」が必要なことに気づき、ジャネット・アットウッドに出会えました。

もし、「つまらない」というものが存在しなかったら、もしくは、「つまらない」から逃げ続けていたら、今でも自由っぽい生活、つまり、心は死んでいても暇な時間がたくさんあるという生活を送っていたかもしれません。

このように、「つまらない」から逃げると、ろくなことはないというのが、私の人生の体験から、強くお伝えできます。

当時の私と同じように、「毎日がつまらない」と思っている人がいるかもしれない。また、私のように勘違いして、世間がつくった「成功者」のイメージに振り回されている人がいるかもしれない。そう思って、この本を書くことにしました。

最後の最後にお伝えしたいのは、「あなた自身はすばらしい存在である」ということです。

ですから、他の何者かになろうとしないでください。そんなことをしたら、もったいないです。ご自身の個性を活かして、本来の輝きを放っていただきたいと思います。

ここまで読み進めていただき、ありがとうございました。ぜひ、今後どこかで直接お会いしましょう。

２０１６年5月　鶴田豊和

【著者プロフィール】

鶴田豊和（つるた・とよかず）

行動心理コンサルタント。世界一の情熱発見ツールと呼ばれる「パッションテスト」の日本初の指導者。無名の中小企業で仕事が合わずうつ状態のときに、さまざまな自己分析の末に自分の情熱を見つけ、マイクロソフトに正社員として入社。マイクロソフトの人事として、数千名の面接経験を持ち、さまざまなキャリアに精通。マイクロソフト社内でトップ３％以内の成果を出し、Asia Gold Club Award を受賞。その後独立し、「誰もが無理なく、自然体で結果を出せる」行動心理メソッドを普及。これまでのべ１万人以上をサポートし、天職や夢の実現に導く。講演家としても国内や海外で活躍。世界的スピーカーたちと同じ舞台に登壇し、気鋭のコンサルタント兼スピーカーとしても注目を浴びている。著書に『「めんどくさい」がなくなる本』、訳書に『心に響くことだけをやりなさい！』『ブレイクスルー！』がある。

鶴田豊和公式サイト　http://www.tsurutatoyokazu.com
一般社団法人本質力開発協会ホームページ　http://www.epowerda.com/

「つまらない」がなくなる本

2016年6月1日　　初版発行

著　者　鶴田豊和
発行者　太田　宏
発行所　フォレスト出版株式会社
〒162-0824 東京都新宿区揚場町2-18　白宝ビル5F
電話　03-5229-5750（営業）
03-5229-5757（編集）
URL　http://www.forestpub.co.jp

印刷・製本　中央精版印刷株式会社

ISBN978-4-89451-714-1　Printed in Japan

読者限定！
無料プレゼント

本書をお読みくださった皆さまへ
「鶴田豊和の特別原稿」を無料プレゼント！

鶴田豊和さんから
ここでしか手に入らない、貴重なプレゼントです。

「つまらない」解消
チェックシート
(PDF ファイル)

本書読者の方限定で、
無料ダウンロードができます。

詳細はこちら

http://www.forestpub.co.jp/tsumara/

※無料プレゼントはWeb上で公開するものであり、
小冊子などをお送りするものではありません。
※上記特別プレゼントのご提供は予告なく終了となる場合がございます。あらかじめご了承ください。